AI와 가상 인플루언서 지각

AI문고

인공지능 시대입니다. 기계가 인간의 인지를 대신하고, 사물이 인간을 통하지 않고 다른 사물과 직접 커뮤니케이션합니다. 이에 따른 인간 삶과 문명 변화를 정확히 이해·예측·대응하는 것은 이 시대 우리 모두의 과제입니다. AI문고는 인공지능 기술과 환경의 여러 주제를 10가지 키워드로 정리합니다. 관련 개념과 이론, 학계와 산업계의 쟁점, 우리 일상의 변화를 다룹니다. 인간과 기술의 현재, 미래를 세심히 분석합니다.

일러두기

- 인명, 작품명, 저서명, 개념어 등은 한글과 함께 괄호 안에 해당 국가의 원어를 병기했습니다.
- 외래어 표기는 현행 어문규정의 외래어표기법을 따랐습니다. 다만 '솔루션', '팔로워', '포토샵' 등은 관행을 따랐습니다.

처음이세요?

전문가세요?

AI와 가상 인플루언서 지각

이동환

대한민국, 서울, 커뮤니케이션북스, 2025

AI와 가상 인플루언서 지각

지은이 이동환
펴낸이 박영률

초판 1쇄 펴낸날 2025년 9월 19일

커뮤니케이션북스(주)
출판 등록 2007년 8월 17일 제313-2007-000166호
02880 서울시 성북구 성북로 5-11
전화(02) 7474 001, 팩스(02) 736 5047
commbooks@commbooks.com
www.commbooks.com

ISBN 979-11-430-0233-4 03500

책값은 뒤표지에 표시되어 있습니다.

차례

AI와 가상 인플루언서에 대한 수용자의 지각, 그리고 다른 수용자의 지각에 대한 지각

가상 인플루언서의 존재 방식

가상 인플루언서는 존재하는가? 질문에 답이 있다. 가상으로 존재한다고 답할 경우, 가상이라는 단어 자체가 허구를 의미하며 대답은 중의적이다. 먼저 '가상'으로 존재하므로 실존하지는 않는다고 볼 수 있다. 마찬가지로, 가상으로 '존재'하므로 존재는 한다고 볼 수 있다. 한 예로, 가상 인간 로지는 "가상 세계에서 태어나 현실 세계와 소통하는 한국 최초의 버추얼 인플루언서"라고 프로필에 소개되어 있다. 가상 세계에서 태어난 가상의 존재이므로 실존하지는 않는다고 볼 수도 있으며, 현실 세계와 소통하므로 실존한다고도 볼 수 있다. 그에 대한 견해가 본인의 가상 인플루언서 지각에 영향을 미칠 수밖에 없다.

또한 이 질문을 '가상 인플루언서는 어떻게 존재하는가'로 바꾸어 볼 수 있다. 그에 대해 가상으로 존재하든 실존하든 결국 지각의 대상으로 이해할 수 있다. 단지,

그 지각이 수용자 간 유의한 차이를 나타낼 뿐이다. 이는 마치 플라시보 효과(placebo effect)와 유사하다. 플라시보 효과는 위약이라는 허구의 지각에 대한 효과다. 위약이라도 지각 효과가 발생한다는 것이다. 그 지각 효과가 환자들에게 획일적으로 나타나지는 않는다는 면에서 가상 인플루언서 지각 효과와 유사하다고 할 수 있다.

가상 인플루언서의 활약

인플루언서 마케팅이 활발해지면서 가상 인플루언서의 활용 또한 급증하고 있다. 더불어 가상 인간 구현과 관련된 기술들이 발전하면서 가상 인간은 실존하는 사람과 구분이 어려울 정도로 정교해지고 있다. 국내의 가상 인플루언서 로지의 경우, 신한라이프 TV 광고에 출연하여 2000만 회의 조회 수를 기록했다.

당시 로지가 가상 인플루언서라는 사실을 모르는 사람이 대다수였는데, 후에 이 사실이 공개되었을 때 많은 이들이 놀랐다. 가상 인플루언서는 외모의 정교함뿐만 아니라 그 인격이나 개성까지도 실제 사람처럼 부여되며 구현된다. 가상 인간 로지는 사람처럼 인터뷰를 한 것이 언론을 통해 소개되기도 했다(황순민, 2021). 로지의 경우 MZ 세대 담당 여직원 7명이 인격 및 개성을 표현하며 같은 세대 팔로워들과 소통한다(서정민, 2023).

결국, 가상 인플루언서를 사람처럼 지각할 수 있도록 운용하는 것이 관건이라 할 수 있다. 기존 연구에 의하면, 보통 가상 인간이 사람과 닮았다고 지각할수록 우호적이다. 그러나 그러한 해석은, 외형 외에 다양한 요인의 영향력은 고려하지 않은 것이므로 일반화하기 어려우며 제한적인 수준이라 할 수 있다. 외형은 중요한 요인이긴 하지만, 가상 인플루언서 지각은 외형뿐 아니라 다양한 요인의 영향을 받는다. 가상 인플루언서가 정보원으로서 가지게 되는 특성과, 가상 인플루언서가 등장하는 메시지의 특성 및 수용자의 특성에 따라 다르게 나타나기 때문이다. 이러한 가상 인플루언서 지각에 영향을 미치는 다양한 요인을 알아보았다.

이렇게 외형적으로나 인격적으로 사람과 닮아 가는 가상 인플루언서를 우리가 어떻게 지각하는지 알아보는 것은 인플루언서 마케팅 분야에 중요한 단서를 제공할 뿐만 아니라, 신기술에 따라 전반적으로 변화하는 사회상에 대한 통시적 관점을 제공할 수 있을 것이다.

가상 인플루언서 지각

종종 우리는 만나 본 적 없는 인물에게도 감정을 느낀다.

다양한 메시지나 광고의 정보원에게 느끼는 친숙함, 진정성, 매력 등의 감정도 그에 포함된다. 실제로 다수의 연구에서 어떠한 정보원의 특성이 광고에 영향을 미치는지 검증해 왔다. 그러한 효과는 우리가 그들을 만나 본 사실은 없지만 그들의 존재를 의심하지 않는다는 것을 전제로 한다. 그런데 정보원이 실제 세계에 존재하지 않는 것이 확실한 경우에도 그러한 효과가 가능한가? 이 책은 그러한 질문에서 출발한다.

결론적으로 실재하지 않는 대상에게도 다양한 감정을 느낄 수 있다는 것을 간단히 유추할 수 있다. 우리는 종종 소설, 동화, 만화 등 다양한 콘텐츠 속의 캐릭터에 매료된다. 그런데 그러한 감정의 발생이 실존하는 사람에 대한 것과는 같지 않은 부분도 있다. 따라서 가상 인플루언서 지각과 실존 인플루언서 지각의 공통점과 차이점을 알아보았다. 가상 인플루언서 지각에 대한 이해는 급속히 확산하는 인플루언서 마케팅에 단서를 제공할 수 있다.

가상 인플루언서 지각 편향

멜론 차트가 내놓는 음악 순위와 자신이 좋아하는 음악 순위는 다를 수 있다. 이처럼 특정 대상에 대한 자신의 지각은 다른 사람들의 지각과는 다르다고 평가할 수 있다. 예컨대, 특정 인플루언서에 대한 본인의 지각과 타인의 지각이 다를 것이라 평가할 수 있다. 이렇게 특정 대상에 대한 자신과 타인 간 지각의 차이를 편향적으로 평가하는 것을 지각 편향이라 한다.

지각 편향은 실존 인플루언서에 대해서도 발생하겠지만, 실존하지 않는 가상 인플루언서에 대해서는 더 큰 차이를 나타낼 것이라 예상할 수 있다. 가상 인플루언서에 대한 이미지는 지극히 개인적이며 환영적인 지각에 의존하기 때문이다.

이런 가상 인플루언서에 대한 지각 편향이 어떤 양상으로 나타나는지 알아보았다. 그를 통해 가상 인플루언서를 활용한 마케팅이 어떤 경우에 더 효과적인가에 대한 단서를 얻을 수 있다. 구체적으로 가상 인플루언서 자체의 특성, 메시지의 특성, 수용자의 특성 등이 가상 인플루언서 지각과 지각 편향에 어떠한 영향을 미치는지 알아보았다.

가상 인플루언서 지각의 중요성

가상 인간 구현 기술은 실존하는 사람과의 구분이 쉽지 않을 정도로 정교해지고 있다. 그러나 가상 인간의 구현 기술뿐만 아니라, 수용자가 가상 인간을 어떻게 지각하는지에 대한 관심도 중요하다. 때로는 물리적 실체 못지않게 그 실체에 대한 지각의 문제가 중요하다. 다수 연구와 마케팅 실무에서는 브랜드 이미지 및 그에서 파생하는 다양한 개념을 제품의 물리적 속성 못지않게 중요하게 취급한다. 나아가 광고는 인식의 싸움이라 규정하기도 한다.

가상 인플루언서는 이미 다양한 분야에서 활용하고 있지만, 수용자 모두에게 획일적인 영향력을 발휘한다고 보긴 어려운 정보원 유형이다. 1명의 인플루언서에게 느끼는 정보원 특성이 소비자마다 다를 것이기 때문에, 실존 인플루언서의 영향력 지각에도 어느 정도 편향은 발생할 수 있다. 그것이 인공적인 가상 인플루언서일 경우, 영향력에 대한 지각 편향은 더욱 큰 차이로 나타날 수 있다. 이러한 가상 인플루언서에 대한 수용자들의 지각 편향을 알아보는 것은 가상 인플루언서 활용에 필요한 하나의 과정이라고 할 수 있다.

보다 원론적으로, 소비자가 동료 소비자의 지각을 어떻게 평가하는지 이해하는 것은 마케터의 중요한 과제 중 하나다. 소비 행동 과정을 설명하는 AISAS 모델[2004년 일본의 광고 대행사 덴츠가 고객의 구매 행동을 인지

(attention), 관심(interest), 검색(search), 구매(action), 공유(share) 흐름으로 제시한 모델]은 소비에서 검색과 공유의 중요성을 강조한다. 검색 과정에서 동료 소비자의 의견을 취하기도 하고, 구매 후 본인의 경험을 타인과 공유하기도 한다. 또한 다수 커뮤니케이션 분야의 연구 결과는, 수용자가 특정 뉴스나 의제 등의 정보를 접할 때 다른 사람의 의견에 영향을 받는다는 사실을 알려 준다. 결국 수용자는 타인 지각의 영향을 받는다는 것인데, 그런 면에서 지각 및 지각 편향에 관심을 기울이는 것이 중요하다고 할 수 있다.

보다 거시적 관점으로는, AI 기술을 발전시키는 것 못지않게 AI를 사람들이 어떻게 인식하고 있는지를 파악하는 것도 중요하다. AI 기술은 현대 사회의 보편적 변화를 주도하고 있으며, 가상 인플루언서 구현 기술은 그 일부라 할 수 있다. 따라서 일부 가상 인플루언서에 대한 지각을 이해하는 것은, 전반적인 AI 기술 인식에 대한 단서를 제공해 AI 기술이 의미 있는 가치를 창출하며 나아갈 방향을 제시할 수 있다.

책의 구성

이 책은 AI와 가상 인플루언서 활용 분야에 관심 있는 연구자와 학생, 실무자에게 가상 인플루언서 지각 및 지각 편향에 영향을 미치는 요인들과 그 영향력에 대해 설명한다. 기술의 발전은 독립적이기보다는 다양한 분야에서 수용자(혹은 소비자)와 상호 작용하며 보편적인 맥락 내에서 이루어진다. 따라서 이 책은 AI 기술이 어떻게 구현되고 발전되었는가보다는, 해당 기술을 사람들이 어떻게 지각하고 수용하는가를 중심으로 기술한다. 그를 통해 연구자와 학생에게는 해당 분야의 연구 현황 및 가상 인플루언서 지각에 영향을 미치는 다양한 변인의 영향력에 대한 정보를 제공하고, 실무자에게는 가상 인플루언서를 활용한 마케팅의 단서를 제공하는 것을 목적으로 한다.

이 책의 구성은 다음과 같다. 1장 'AI와 가상 인플루언서 구현 기술'은 AI 기술을 어떻게 활용해 가상 인플루언서를 운영하는지, 가상 인플루언서의 인격은 어떻게 부여되는지를 중심으로 기술한다.

2장 '인플루언서 마케팅과 가상 인플루언서'는 인플루언서 마케팅의 정의 및 현황, 가상 인플루언서 활용 현황, 실존 인플루언서와 가상 인플루언서의 특성 비교 등을 중심으로 기술한다.

3장 'AI 기술 인식'은 먼저, AI의 정의, AI 기술 연구 분야, AI 기술에 대한 사람들의 일반적인 태도 등을 다룬다. 두 번째, 그러한 사람들의 태도에 영향을 미치는 변인을 AI 기술 신뢰도와 AI 기술 관여도, 그리고 미디어 효과 등을 중심으로 관련 연구를 통해 기술한다.

4장 '가상 인플루언서 지각'은 가상 인플루언서 지각에 영향을 미치는 사회적, 개인적 요인에 대해 기술한다. 사회적 요인으로는 동조와 네트워크 효과를, 개인적 요인으로는 불쾌한 골짜기 이론(uncanny valley theory)과 현존감 개념 등을 중심으로 살펴본다.

5장 '정보원 특성과 가상 인플루언서 지각'은 먼저 정보원의 유형과 효과에 대해 알아본 후, 가상 인플루언서의 정보원 특성에 대해 기술한다. 가상 인플루언서의 정보원 특성은 가상 인플루언서의 매력도와 친숙도, 그리고 진정성을 중심으로 알아본다. 가상 인플루언서도 실존 인플루언서처럼 친숙하고 매력적이며 진정성이 있다고 지각할 수 있는지, 그리고 그러한 지각에서 실존 인플루언서와의 차이는 무엇인지 등을 기술한다.

6장 '지각과 지각 편향'에서는 지각 편향의 정의와 발생 요인, 그리고 지각 편향의 방향 등을 개괄적으로 살펴본다.

7장 '가상 인플루언서와 콘텐츠 지각 편향'에서는 먼

저 가상 인플루언서에 대한 지각 편향의 발생 요인과 지각 편향의 방향에 대해 알아본다. 그리고 가상 인플루언서를 활용한 콘텐츠에 대해서도 지각 편향의 발생 요인과 지각 편향의 방향을 중심으로 기술한다.

8장 '메시지 특성과 가상 인플루언서 영향력 지각 편향'에서는 먼저 메시지의 긍정적 혹은 부정적 특성에 따라 정보원의 영향력을 어떻게 지각하는지 알아본다. 그런 다음 정보원 영향력에 대한 지각 편향의 발생 원인과 방향에 대해 알아본다. 마지막으로, 메시지 특성에 따른 가상 인플루언서의 영향력 지각 편향의 발생 원인과 방향에 대해 기술한다.

9장 '수용자 특성과 가상 인플루언서 콘텐츠 지각 편향'은 어떠한 수용자의 특성이 가상 인플루언서 콘텐츠에 대한 지각 편향에 영향을 미치는지, 수용자의 사고 경향과 이타주의를 중심으로 기술한다.

10장 '가상 인플루언서 지각의 의의'에서는 AI 기술의 발전과 활용과 관련하여, 가상 인플루언서에 대한 수용자의 지각을 알아보는 것이 어떠한 의미가 있는지 기술한다.

참고문헌

서정민(2023.4.1). '영원한 청춘' 버추얼 인플루언서 급성장…시장 규모 2025년 14조, 사람 추월할 듯. 《중앙일보》, https://www.joongang.co.kr/article/25151765

황순민(2021.8.7). "제 MBTI 뭐냐구요?"…'영원한 22세' 가상모델 로지 단독 인터뷰. 《매일경제》, https://www.mk.co.kr/news/business/9980930

01
AI와 가상 인플루언서 구현 기술

기본적으로 가상 인플루언서는 시각 기술과 반응 기술로 구현된다. AI 기술의 발전에 따라 이러한 외형과 반응이 사전에 기획된 가상 인플루언서의 인격과 정체성을 일관적으로 유지하면서 더욱 정교해지고 있다. 이제 기업에서 제공하는 솔루션을 통해, 전문가뿐만 아니라 일반인도 기획된 정체성을 반영한 가상 인플루언서를 손쉽게 구현할 수 있게 될 것이다.

AI와 1인 창업?

CGI, 페이셜 캡처, 3D 스캐닝, 포토그래메트리

AI 기술을 반영해 간단한 조작만으로 가상 인간을 구현할 수 있는 서비스가 제공되고 있지만, 정교한 가상 인플루언서의 대중적 활용은 아직 시작 단계라 할 수 있다. 많은 기업이 정교한 수준의 가상 인간을 활용하고 있지만, 개발의 상세한 과정은 공개되지 않고 있다. 가상 인플루언서 구현에는 다양한 기술이 동원되겠지만, 이미지 생성을 위한 대표적 제작 기술로는 CGI(computer-generated imagery), 페이셜 캡처(facial capture), 3D 스캐닝, 포토그래메트리(photogrammetry) 기술 등이 주로 언급된다.

전통적으로는 가상 인플루언서의 이미지 생성을 위해 마야(Maya), Z브러시(Zbrush), 서브스턴스(Substance), 언리얼 엔진(Unreal Engine), 포토샵(Photoshop) 등의 그래픽 관련 도구를 다양하게 동원하는 CGI 기법을 사용해 왔다. 문제는 많은 경제적 · 시간적 자원을 요구한다는 것이다. 목적과 난이도에 따라 다르겠지만 CGI 기법으로 가상 인플루언서를 모델링할 경우, 숙련된 전문가조차 보통 수개월의 시간이 필요하다.

가상 인간을 포함한 다양한 가상 캐릭터의 수요가 증

가함에 따라 전문 VFX(visual effects, 특수 시각 효과) 프로덕션의 경우 전문 기술 및 경제적 투자가 가능해졌다. 그에 따라 현재 VFX 회사들은 모델링을 할 때 페이셜 캡처, 3D 스캐닝, 포토그래메트리 기술 등을 주로 사용하고 있다.

페이셜 캡처는 카메라나 레이저 스캐너를 사용해 인체를 전자 자료로 변환하는 방식을 말한다. 훙웨이(Hongwei) 등은 단일 카메라를 기반으로 한 고품질 실시간 인물 캡처 딥 러닝 프레임 워크를 제안했다(Hongwei et al., 2021). 이 시스템은 완전히 자동화되어 있으며 비디오 게임이나 배우의 디지털 대역, 애니메이션 제작 등의 노동력을 크게 줄일 수 있다고 제안한다.

3D 스캐닝 기술은 최근 신경 렌더링의 발전으로 렌더링 시간이 크게 개선되었지만, 정적인 장면을 위해 설계된 것이며 움직이는 사람에게 적용되지 않는다는 단점이 있었다. 그에 따라 애플은 막스 플랑크 지능형 시스템 연구소(Max Planck Institute for Intelligent Systems)와 협업하여 활동적인 인간을 표현한 휴먼 가우시안 스플랫(human Gaussian splats, HUGS)과 3D 가우시안 스플래팅(3D Gaussian splatting, 3DGS)을 공개했다. 그에 의하면 인간과 장면 표현에 새로운 관점을 제공할 수

있으며, 60FPS(frame per second: 초당 프레임 수)의 렌더링과 100배 빠른 트레이닝 속도가 가능하다(Kocabas et al., 2023).

그러나 이상의 캡처 및 스캐닝 기술은 소수 연구 기관이나 상용 전문 회사에서 보유하고 있으므로, 중소기업에서 사용하기 어렵다는 지적이 따른다. 그에 따라 포토그래메트리 기술을 기반으로 한 페이셜 캡처 및 가상 인간 제작 방법이 제안되기도 한다(길운 외, 2024). 포토그래메트리 기술은 2차원 이미지를 기반으로 기하학적인 3차원 형상 정보를 구축하는 기술을 말한다. 여러 위치에서 촬영한 영상을 통해 위치, 형상, 크기 등을 파악하여 3차원 데이터를 생성한다. 주로 지형 지도 제작, 건축, 엔지니어링, 품질 관리, 경찰 조사, 문화유산 및 지질학 등의 분야에 사용된다. 포토그래메트리 기술은 3D 스캐너에 비해 낮은 예산으로 휴대가 간편한 카메라를 통해 데이터를 취득하여 3D 데이터를 생성할 수 있다는 장점이 있다. 주로 접근이 쉽고 높은 정밀성을 요구하지 않는 다양한 분야에서 활용된다(김현주 외, 2022). 이러한 평가를 받던 기술이 정교한 가상 인플루언서 구현에도 응용되는 것이다. 앞서 언급한 길운 등의 연구는 포토그래메트리 기술을 기반으로 AI 기술을 활용해 가상 캐릭터를 생산하는 과정을 제안했다(길운 외, 2024).

AI 기술 기반 가상 인플루언서

앞서 제시한 세 가지 가상 인플루언서 구현 기술에서, AI 기술은 주로 각각의 방법에 동원되는 소프트웨어 사용 과정에서 발견된다. 예를 들어 CGI 기법의 가장 기본적이며 대중적 그래픽 도구인 포토샵의 경우, 새로운 버전이 출시될 때마다 강화된 AI 기술을 표방한다. 한편 AI 기술을 반영해 애초에 가상 인간 제작을 쉽게 하도록 돕는 소프트웨어도 출시되고 있다.

알집(ALZip)과 알약으로 잘 알려진 국내 기업 이스트소프트는 페르소닷에이아이(PERSO.ai)를 통해, 자동 더빙 서비스인 'AI 비디오 번역기'와 가상 인간 생성 서비스인 'AI 스튜디오'를 제공하고 있다. AI 비디오 번역기는 영상 파일을 업로드한 후, 원하는 번역 언어를 지정하면 손쉽게 완성된다. 해당 언어로 말하는 입 모양까지 자연스럽게 구현된다. AI 스튜디오는 가상 인간 영상을 손쉽게 구현해 주는 서비스다. 먼저 성별, 인종, 목소리, 언어 등에 따라 원하는 가상 인간의 조건을 선택한다. 다음으로 텍스트를 입력하면 가상 인간이 이를 구현한다. 손을 들거나 몸을 가볍게 움직이는 간단한 동작 삽입도 가능하다. 복잡한 편집 과정을 거치지 않아도 몇 번의 조작만으로 영상을 손쉽게 만들 수 있다.

이를 가능하게 하는 것이 AI 기술이다. 이스트소프트는 음성 인식부터 번역, 음성 생성, 영상 생성까지 다양한 기술을 사용하는 동시에, 오픈 소스 기반의 거대 언어 모델(large language model, LLM)을 활용한 자체 모델과 외부 모델을 함께 활용했다. 페르소닷에이아이는 마이크로소프트(MS)의 클라우드 애저(Azure)를 기반으로 서비스를 제공한다(최유리, 2025). 이 서비스는 현재 페르소닷에이아이의 홈페이지(perso.ai)를 통해 제공되고 있다.

AI 스튜디오는 저비용으로 손쉽게 가상 인간을 구현할 수 있다는 장점이 있지만, 제공된 이미지와 조건 중에서 선택해 조합하는 방식이므로 제작자가 원하는 가상 인간 이미지를 충족하기에는 한계가 있다. 또한 가상 인간으로 활용할 경우 녹화 방송만 가능하고 생방송은 어렵다는 단점도 있다. 가상 인간의 실시간 반응이 어렵다는 것이다.

실시간으로 반응하는 가상 인플루언서

실시간 반응이 가능한 수준의 가상 인플루언서도 활약

중이다. 가상 인간 수아(SUA)는 유튜브 생방송에 출연했다.

디지털 아이돌 수아는 국내 기업 온마인드가 유니티(Unity) 엔진으로 개발했다. 수아는 유니티코리아의 연간 모델 및 SKT의 에이닷TV(A.tv)와 오트르(OTR) 컬러렌즈의 광고에 출연하는 등 다양하게 활동 중이다. 수아가 세계적으로 주목받는 이유는 유니티의 렌더링을 통해 실시간 반응이 가능하기 때문이다. 유니티는 실시간 3D(real-time 3D) 콘텐츠 제작 플랫폼 기업으로, 실시간 인터랙티브 2D 및 3D 콘텐츠를 제작 · 실행 및 수익화하는 소프트웨어 솔루션을 제공한다. 수아는 상대방의 얘기를 이해하지 못할 경우, 알아듣지 못하겠다는 표정까지 짓기도 한다(류지영, 2022). 수아의 실시간 반응 방식은 그녀가 출연한 유튜브 생방송을 통해 공개되었다. 센서가 달린 옷을 입은 모델이 움직이면 수아도 동일하게 움직이는 방식이다(김도형, 2023).

이러한 방식 또한, 문제점이 제기된다. 가상 인플루언서를 연기하고 팬들과 대화를 하는 것은 뒤에 있는 사람이다. 따라서 가상 인플루언서와 운영자 간 세계관의 불일치가 드러날 수 있다. 또한 대화에서의 충돌 등의 사고가 발생할 수도 있다(박성원, 2022). 시각적으로는 가상 인플루언서가 실시간 반응을 하는 것처럼 보이지만, 실상 실시간 반응의 주체는 가상 인플루언서의 운영자들이라 할 수 있다.

앞서 언급했듯이 가상 인간 로지 또한 사람처럼 인터뷰를 한 것이 소개되었지만(황순민, 2021), 그녀의 뒤에도 역시 사람들이 있다. MZ 세대 담당 여직원 7명이 로지의 인격 및 개성을 구성하여 팔로워들과 소통하는 방식이다(서정민, 2023).

가상 인터렉티브 인플루언서의 발전

실시간 반응의 주체가 가상 인플루언서의 운영자들이기 때문에 발생하는 우려 사항을 해소하기 위해서는, 부여된 가상 인플루언서의 정체성을 유지할 수 있는 소통이 요구된다. 이를 위해서는 AI 기술을 기반으로 하는 가상 캐릭터의 개발과 콘텐츠의 연구가 지속적으로 시도되어야 할 것이다. 기획된 세계관을 학습하고 AI 기술을 입은 가상 인플루언서는, 부여된 인격 및 정체성을 유지하면서 지속적인 반응을 할 수 있다.

이러한 사례로 빈센트를 들 수 있다. 빈센트는 국내 특수 시각 효과 전문 기업 자이언트스텝에서 에픽게임즈의 엔진을 기반으로 제작한 가상 인간이다. IBM의 AI

'왓슨(Watson)'의 대화 기능을 적용했다. 한국 IBM이 진행한 간담회에 연사로 등장해 업계의 주목을 받기도 했다(정희순, 2020).

이제 전문가뿐 아니라 누구든 필요에 따라 자신의 정체성을 반영한 적정 수준의 가상 인플루언서를 제작할 수 있을 전망이다. 메타(Meta)는 인플루언서들이 자신들의 AI 버전을 생성할 수 있는 새로운 기능을 도입했다. AI 기술을 활용해 인플루언서들이 자신들의 디지털 트윈을 만들어, 팬들과 소통할 수 있도록 지원한다는 것이다. 이 AI 버전은 인플루언서의 스타일, 말투, 성격 등을 반영해 실제 인물과 유사한 경험을 제공한다. 이를 통해 팬들은 자신이 좋아하는 인플루언서와 더욱 개인적인 방식으로 소통할 수 있게 된다(백호, 2024).

결론적으로, 가상 인플루언서 구현 기술은 제작자의 목적과 상황에 따라 다양하게 선택될 수 있다. 기본적으로 가상 인플루언서는 시각 기술과 반응 기술로 만들어진다. 시각 기술에는 CGI, 페이셜 캡처, 3D 스캐닝, 포토그래메트리 등 다양한 기술이 동원된다. 반응 기술에는 명령에 따라 반응하는 기술과 사전에 기획된 정체성에 따라 스스로 반응하는 기술이 있다. AI 기술의 발전에 따라 가상 인플루언서의 반응은 정체성을 유지하면서도 더욱 정교해지고 있다. 이제 기업에서 제공하는 솔루션을 통해 전문가뿐 아니라 일반인도 기획된 정체성을 반영한 가상 인플루언서를 제작할 수 있을 전망이다.

참고문헌

길운 외(2024). 포토그래메트리 기반 페이셜 캡처를 통한 버추얼 휴먼 제작 및 활용. 《융합신호처리학회논문지》, 113-118쪽.

김도형(2023.2.17). 인간 영역 넘보는 가상 인간…생방송 아나운서도 꿈꾼다[인사이드&인사이트]. 《동아일보》, https://www.donga.com/news/article/all/20211220/110860808/1

김현주 외(2022). 고해상노 3D 데이터 생성 기술 분석 및 연구 동향. 《전자통신동향분석》, 64-73쪽.

류지영(2022.1.10). 요즘 내가 제일 잘나가! 실시간 3D 기술로 만든 '디지털휴먼'. 《전자신문》, https://www.etnews.com/20220110000217

박성원(2022). 가상 인터렉티브 인플루언서의 현황과 발전 방안. 《Journal of Information Technology Applications & Management》, 59-70쪽.

백호(2024.7.1). 메타, 인플루언서용 AI 버전 생성 도입. 《톱셀럽》, https://www.topcelev.co.kr/news/articleView.html?idxno=79

서정민(2023.4.1). '영원한 청춘' 버추얼 인플루언서 급성장…시장 규모 2025년 14조, 사람 추월할 듯. 《중앙일보》, https://www.joongang.co.kr/article/25151765

정희순(2020.6.11). "사람 같은 가상 인물", 게임사가 만든 '디지털 셀럽'이 뜬다. 《에너지경제신문》,

https://m.ekn.kr/view.php?key=504782
최유리(2025.1.21). [마니아]글로벌인플루언서 돼볼까…AI로 입모양까지 자연스럽게. 《아시아경제》, https://www.asiae.co.kr/article/2025011416440538054
황순민(2021.8.7). "제 MBTI 뭐냐구요?"…'영원한 22세' 가상모델 로지 단독 인터뷰. 《매일경제》, https://www.mk.co.kr/news/business/9980930
Hongwei, X., et al.(2021). High-quality real time facial capture based on single camera. arXiv:2111.07556.
Kocabas, M., et al.(2023). HUGS: human Gaussian splats. arXiv: 2311.17910.

02
인플루언서 마케팅과 가상 인플루언서

가상 인플루언서는 시공간의 제약을 받지 않고 활동할 수 있다. 또한 사생활 문제가 없으며, 이미지를 일관성 있게 관리할 수 있다. 이런 장점은 실존 인플루언서와 비교할 때 나타나는 것으로, 가상 인플루언서도 인격을 가졌다는 것의 방증이다. 가상 인플루언서의 인격은 제작자에 의해 형성되고 소비자가 제작 의도대로 지각하면서 완성된다.

AI와 MBTI?

인플루언서, 인플루언서 마케팅

인플루언서 마케팅이란, 말 그대로 인플루언서를 활용한 마케팅이다. 인플루언서 마케팅은 인터넷과 소셜 미디어의 급속한 발전 속에서 인플루언서와 팔로워 간 관계를 기반으로 하는 새로운 마케팅 수단으로 주목받고 있다. 인플루언서는 특정 분야에 대한 이해와 전문성을 바탕으로 자신의 의견을 표현하고, 그 의견이 팔로워들에게 큰 영향을 미치는 사람을 말한다(황봄님, 2019). 독일의 저널리스트 볼프강 슈미트(Wolfgang M. Schmitt)는 인플루언서를 존재 자체가 광고이며, 살아 있는 광고판이라 정의한다. 전통적 광고 모델은 실제로 본인이 출현한 광고의 제품을 사용한다는 믿음을 주지는 못하지만, 인플루언서는 실제 소비자를 자처하므로 마케팅 효과가 더 크게 나타난다(Schmitt & Nymoen, 2021/2022).

인플루언서는 영향력, 즉 팔로워의 수에 따라 메가 인플루언서, 매크로 인플루언서, 마이크로 인플루언서, 나노 인플루언서로 구분한다. 메가 인플루언서의 팔로워는 100만 명 이상으로 유명 연예인의 대우를 받기도 한다(정언용, 2019). 이러한 영향력을 중심으로 하는 인플루언서의 구분은 인플루언서에 대한 이해를 돕지만 인플루언서의 역할은 다른 정보원 유형들과 상당히 유사한 부분이 있다. 먼저, 인플루언서는 광고 모델과 개념상 다른 의미지만 종종 같은 역할을 한다. 또한 인플루언서는 메시지의 정보원으로서 셀러브리티, 크리에이터 등과도 유사한 역할을 한다. 셀러브리티는 연예인이나 스포츠 스타, 왕족, 재벌 등 유명인을 말한다. 크리에이터는 자신만의 전문화된 콘텐츠를 1인 미디어로 전달하는 사람들을 말한다(황봄님, 2019). 인플루언서는 콘텐츠를 통해 영향력을 행사하는 사람을 뜻하므로 이들 셀러브리티나 크리에이터, 혹은 광고 모델과도 배타적으로 명확히 구분되지는 않으며 중첩되는 부분이 있다. 이들 정보원 유형은 개념상 각각의 정체성은 구분되지만, 자신의 채널을 통해 자신의 콘텐츠에 출연할 때는 인플루언서로, 광고에 출연할 때는 광고 정보원의 역할을 한다고 볼 수 있다. 예를 들어, 한문철 변호사는 한문철 TV를 통해 소통하는 인플루언서인 동시에 블랙박스, 루마버텍스 등의 광고 모델이기도 하다.

인플루언서는 미디어 환경의 변화와 함께 비교적 최근에 부각되었지만, 사실 과거에도 늘 중요하게 분류해왔던 인간 유형이라 할 수 있다. 폴 라자스펠드(Paul F. Lazarsfeld)와 동료들은 사람들이 대통령 선거철에 지지 후보 결정을 어떻게 하는지 추적했다. 그들은 유권자들을 소수의 여론 주도층과 다수의 여론 추종층으로 나누었다. 여론 추종층은 수적으로는 다수인 그룹이지만 여론 주도층으로부터 획득한 정보를 바탕으로 의사 결정을 했다(Wright, 2015). 이러한 역학은 정치뿐 아니라 현실의 많은 영역에 적용되고 있으며, 마케팅 분야에서도 중요하게 취급되면서 인플루언서 개념은 더 부각된 것이라 할 수 있다. 국내에서는 과거 고려풍이라 하여 고려 여인들의 옷이 몽골까지 유행한 바 있다. 그리고 조선 시대의 다양한 생활 정보를 담은 《규합총서》는 사대부 집안 여인들 사이에서 궁녀들의 피부 관리 비법이 관심을 받았다고 전한다(황봄님, 2019). 라자스펠드가 구분한 여론 주도층이나, 고려풍을 일으킨 고려 여인들, 그리고 피부 관리 비법을 전파한 조선 시대의 궁녀들 모두 인플루언서의 역할을 한 것이라 볼 수 있다. 이처럼 인플루언서는 어느 시대나 늘 있었지만 마케터의 관심을 받은 지는 25년 정도밖에 되지 않았다(Wright, 2015).

인플루언서 마케팅의 효과

인플루언서 마케팅은 전통적인 광고보다 경제적이며 효과적인 마케팅 수단으로 인식되어 확산하고 있다(Ye et al., 2021). 타기팅 측면에서도 새로운 소비자로 유입되는 MZ 세대에게 매우 효과적이라는 평가를 받는다(김혜진 외, 2022).

마케팅 분야에서의 인플루언서는 소비자에게 직접적인 영향을 미치는데, 이는 전통적 광고 방식보다 더 효과적이라는 평가를 받는다(Isaiah et al., 2022). 인플루언서가 팔로워들과의 신뢰를 기반으로 진정한 상호 작용을 형성하기 때문이다. 신뢰는 정보원 효과의 중요한 구성 요인이다(Dholakia & Sternthal, 1977). SNS 통계 사이트 녹스 인플루언서에 따르면, 국내에 팔로워 1만 명 이상인 인스타그램 인플루언서는 9만여 명이며, 팔로워 100만 명 이상의 인플루언서도 460여 명이다. 교보문고에서 인플루언서를 키워드로 넣으면 1200여 건의 서적이 검색된다. 국내 모 대학에는 인플루언서 학과가 신설되기도 했다.

이러한 인플루언서 마케팅의 양적 · 질적 확대에 따라 종종 부정적 측면도 드러난다. 혹자는 인플루언서 과잉 시대를 질타한다. 나아가 인플루언서들의 과소비 조장 행태에 반발하여 디인플루언싱(deinfluencing) 해시태그 활동이 확산하기도 한다. 인플루언서와 대척점에 있는 디인플루언서(defluencer)들이 인플루언서들의 '사라'는 견해에 대립하는 '사지 말라'는 의견 활동을 하는 것이다. 이러한 트렌드에 대해 《워싱턴 포스트》는 인플루언서 마케팅이 변곡점에 도달했다는 신호라 보도했다(정미하, 2023). 윤리적인 문제도 지적된다. '좋아요'나 댓글 등의 조작으로 콘텐츠의 효과를 과장하거나, 댓글 등을 구매해 인플루언서인 양 활동하는 사례까지 나타나고 있다(Tateossian, 2021). 그러한 경우 인플루언서 마케팅은 오히려 기업이나 브랜드의 이미지에 타격을 입힐 수도 있겠지만, 한편으로는 인플루언서 마케팅의 급속한 확산의 방증이라 볼 수 있다.

가상 인플루언서

인플루언서 마케팅이 발전하면서 가상 인플루언서에 대한 관심도 급증하고 있다. 가상 인플루언서(virtual influencer, VI)는 컴퓨터 그래픽 기술을 기반으로 창작된 가상 인간으로, 소셜 미디어에서 팔로워들의 제품 이미지 및 구매 의사에 영향을 미치는 존재로 정의된다(이동아 외, 2021). 상업을 위해 제작한 아바타라 정의하기도 한다(Andersson & Sobek, 2020).

이러한 가상 인플루언서의 유형은 목적에 따라 다양하게 분류된다. 가상 인플루언서 관련 사이트인 버추얼휴먼스(virtualhumans.org)에 제시된 가상 인플루언서는 캐릭터 유형에 따라 사람의 외형, 카툰의 외형, 기타 사물의 형태로 분류한다. 또한 연구에 따라 다양하게 분류한다. 예를 들어 의인화 특성에 따라 외형 의인화된 가상 인플루언서와 정보 의인화된 가상 인플루언서로 구분하기도 한다(손영준 · 정윤혁, 2022). 한편, 가상 인플루언서의 유형은 기존의 실존 인플루언서 유형의 분류를 반영할 수도 있다. 예를 들어, 인플루언서의 정보원 유형은 콘텐츠 차원과 채널 차원으로 분류한 후, 각각의 차원별 하위 범주로 구성할 수 있는데(김혜영 · 염동섭, 2024), 가상 인플루언서의 유형 또한, 이러한 차원과 범주를 반영하는 등 다양하게 분류할 수 있다는 것이다.

가상 인플루언서 현황

글로벌 인플루언서 마켓 플랫폼 마케츠앤마케츠(MarketsandMarkets)는 세계 인플루언서 시장 규모가 2020년 10조 원에서 2025년 27조 원으로 증가할 것이라고 예상했다. 흥미로운 점은 5년간 실존 인플루언서 시장이 7조6000억 원에서 13조 원으로 약 2배 성장할 동안, 가상 인플루언서 시장은 2조4000억 원에서 14조 원으로 6배 이상 성장할 것이라는 전망이다(서정민, 2023). 실존 인플루언서와 가상 인플루언서의 시장 규모가 역전

된다는 것이다.

가상 인간 제작에 필요한 CG와 AI 기술의 발전에 따라 가상 인간의 숫자도 급증하고 있다. 미국의 버추얼 휴먼스 사이트에 등록된 가상 인간의 숫자는 2015년 9명에서 2022년 200명 이상으로 크게 늘었다. 사람을 뛰어넘는 가상 인간들의 활약에 국내 기업들도 발 빠르게 움직이고 있다. 현재 국내에서는 로지를 비롯해 김래아, 한유아 등이 활동하는 가운데, 계속하여 여러 기업이 가상 인간을 데뷔시키고 있다(이승진, 2022). 가상 인플루언서는 이상적인 외모와 개성으로 실존 인플루언서를 능가하는 수익을 창출하기도 한다. 국내 최초 사이버 가수인 아담의 1998년 1집 앨범은 20만 장의 판매를 기록했다(최혜승, 2022). 싸이더스 스튜디오가 개발한 로지 역시, 2021년 7월 신한라이프 광고에서 자연스럽게 춤추는 모습으로 등장했을 때 진짜 사람이 아니라 가상 인간이라는 것이 알려지면서 큰 화제가 됐다. 이후 로지는 100건이 넘는 협찬과 광고로 한 해 동안 15억 원 이상의 수익을 올렸다. 현재 로지의 인스타그램 팔로워는 15만 5000명이다(서정민, 2023).

가상 인플루언서의 인격

가상 인플루언서는 사생활 문제가 없으며, 시공간의 제약 없는 활동을 할 수 있다(이미지, 2022). 또한, 이미지를 일관성 있게 관리할 수 있다는 장점이 있다(Arsenyan & Mirowska, 2021). 이러한 장점은 실존 인플루언서와 비교할 때 나타나는 것으로, 가상 인플루언서도 인격을 드러낸다는 것의 방증이라 할 수 있다.

이러한 인격은 제작자에 의해 형성되고 소비자가 제작 의도대로 지각하면서 완성된다. 가상 인플루언서는 실존 인플루언서들처럼 개성 있는 세계관과 취향이 분명한 라이프 스타일을 가지고 있다는 점으로 더 주목받고 있다. 가상 인플루언서 로지는 광고 계약 때를 제외하고 대중과의 소통 등에 관해서는 임원진의 승인이 전혀 없다. 로지의 세계관은 철저히 MZ 세대 여직원 7명에 의해 창조 및 운영된다. 말괄량이 같은 성격이나 친환경에 관심이 많은 로지의 세계관은 같은 또래들의 생활로부터 여과 없이 반영된다(서정민, 2023). 로지는 사람처럼 인터뷰를 한 것이 소개되기도 했다(황순민, 2021). 이렇게 가상 인플루언서에게 인격을 부여하는 의인화는 가상 인플루언서 효과를 높이는 요소가 된다. 외형을 인간과 유사하게 만들고 나이나 국적, 나아가 성격이나 라이프 스타일까지 부여하는 등의 의인화를 통해 가상 인플루언서는 더욱 친숙한 이미지를 가지게 된다.

참고문헌

김혜영 · 염동섭(2024). 소셜 미디어 인플루언서 정보원 유형 의 개념화를 위한 탐색적 연구. 《광고PR실학연구》, 45-89쪽.

김혜진 외(2022). 인플루언서 특성이 소비자 반응에 미치는 영향: 정보 신뢰성의 매개효과를 중심으로. 《대한경영학회지》, 29-52쪽.

서정민(2023). '영원한 청춘' 버추얼 인플루언서 급성장…시장 규모 2025년 14조, 사람 추월할 듯. 《중앙일보》, https://www.joongang.co.kr/article/25151765

손영준 · 정윤혁(2022). 버추얼 인플루언서의 의인화 정도와 성별이 소비자의 호감도에 미치는 영향. 《정보사회와 미디어》, 27-54.

이동아 외(2021). 가상 인플루언서 특성이 브랜드 태도와 구매의도에 미치는 영향. 《정보사회와 미디어》, 55-79쪽.

이미지(2022.6.28). 드라마까지 넘보는 가상 인간, 소속사도 생겼네. 《조선일보》, https://www.chosun.com/economy/market_trend/2022/06/28/JI43NL77VJGTHCFGBGQMTBBGZY/

이승진(2022.3.30). 2025년 시장규모 14兆…우리 곁에 다가온 가상인간. 《아시아경제》, https://www.asiae.co.kr/article/2022033010264933000

정미하(2023.2.26). "사지 마세요"…냉정하고 솔직한 리뷰 '디인플루언서' 시대. 《조선비즈》, https://biz.chosun.com/international/international_econom

y/2023/02/26/A322RMLFHRED5GKJIPQWAMMS54/
정언용(2019). 인플루언서 마케팅 사례분석과 마케팅 연구 제언. 《서비스마케팅저널》, 33-39쪽.
최혜승(2022.4.9). '아담' 앨범은 20만장 팔렸는데... 가상인간 한유아, 12월 음원 공개. 《조선일보》, https://www.chosun.com/culture-life/culture_general/2022/04/09/GRIN4Y4K6RD7VOJMPGXUWUS56I/
황봄님(2019). 《인플루언서 마케팅 A to Z》. 라온북.
황순민(2021.8.7). "제 MBTI 뭐냐구요?"…'영원한 22세'가상모델 로지 단독 인터뷰. 《매일경제》, https://www.mk.co.kr/news/business/9980930
Andersson, V. & Sobek, T.(2020). Virtual avatars, virtual influencers & authenticity: a qualitative study from a consumer perspective. In *Master Thesis, Graduate School Marketing & Consumption*. University of Gothenburg.
Arsenyan, J. & Mirowska, A.(2021). Almost human? A comparative case study on the social media presence of virtual influencers. *International Journal of Human-Computer Studies*, 155, 102694.
Dholakia, R. R. & Sternthal, B.(1977). Highly credible sources: Persuasive facilitators or persuasive liabilities?. *Journal of Consumer Research, 3*(4), pp.223-232.
Isaiah, J. P., et al.(2022). Influencer Marketing in the Digital age: The Response to Authentic Creator Content. *Millennium Journal of Humanities and Social Sciences, 3*(2), pp.15-28.
Schmitt, W. M. & Nymoen, O.(2021). *Influencers*. Suhrkamp Verlag. 강희진 옮김(2022). 《인플루언서》. 미래의창.
Tateossian, T.(2021). The five greatest challenges facing Instagram influencer marketing. *Forbes*, Retrieved 03/06/22

from,
https://www.forbes.com/sites/theyec/2021/11/08/the-five-greatest-challenges-facing-instagram-influencer-marketing/?sh=5b2952555378

Wright, T.(2015). *Fizz: Harness the power of word of mouth marketing to drive brand growth*. The McGraw-Hill Global Education Holdings, LLC. 김상겸 옮김(2017). 《인플루언서 마케팅》. 리더스북.

Ye, G., et al.(2021). The value of influencer marketing for business: A bibliometric analysis and managerial implications. *Journal of Advertising, 50*(2), pp.160-178.

03
AI 기술 인식

AI 기술을 기대하는 사람이 있는가 하면 우려하는 사람도 있듯, 저마다 AI 기술을 다르게 인식한다. AI 기술 신뢰도, AI 기술 관여도 그리고 뉴스 소비 등이 AI 기술 인식에 영향을 미치는 요소다. 그리고 이렇게 형성된 AI 기술에 대한 인식이 가상 인플루언서 지각에도 영향을 미칠 수 있다.

AI와 난임 극복?

AI 기술

AI(artificial intelligence)의 개념은 다양하게 제시된다. 컴퓨터가 사람보다 일을 더 잘하게 되는 특정 시점으로 설명하기도 하고(Rich et al., 2009), 인간처럼 생각하는 것과 인간처럼 행동하는 것, 그리고 합리적으로 생각하는 것과, 합리적으로 행동하는 것의 네 가지 범주로 구분하기도 한다(Russell & Norvig, 2010).

또한 광범위한 지적 능력으로 인간 수준의 학습 및 인간을 능가하는 수준의 '체계(system)'라 정의하기도 한다(Adams et al., 2012). '체계'라고 보는 관점은 AI 기술이 고립적이며 독립적으로 발전하는 기술이 아닌, 사회적으로나 산업적으로 인접 분야와 함께 발전하며 이루어지는 통합적인 기술이라는 견해로 이해할 수 있다. 체계의 개념으로 이해하는 것에는 사회학적인 발명의 의미가 도움이 될 수 있다. 사회학적으로 발명(invention)은 고립된 사건이라기보다는 문화적, 경제적 발전의 보편적 물결의 일부로서 발생하는 집합적 산물이라고 이해한다(고영복, 2000). 그에 따르면 AI 기술 또한, 현대 사회 발전에 따른 보편적 변화의 일부로서 발생하는 집합적 산물로 볼 수 있다. AI 기술은 다양한 하드웨어와 소프트웨어가 함께 발전하는 과정에서 더욱 고도화되고 있다. 주식 시장의 다양한 AI 기술 관련주들이 서로 체계적으로 영향을 주고받는 것을 연상하면 더 쉽게 이해할 수 있다.

한편, 학습하고 적응하고 해결하는 '프로그램'을 뜻하기도 한다(Rosa et al., 2016). 종종 기존 소프트웨어가 사용자 편의를 위해 더욱 고도화된 프로그램으로 제공되는 것을 AI 기술의 반영으로 설명하곤 한다. 예컨대, 보편적 이미지 편집 도구인 포토샵의 경우 작업 영역 선택을 더욱 손쉽게 할 수 있도록 계속하여 발전해 왔다. 이에 대해, 제작사인 어도비(adobe)에서는 AI 기술을 강화하여 반영한 결과로 설명하고 있다. 이러한 AI 개념을 동원한 설명 대신, 영역 선택을 더 쉽게 하도록 '프로그램'된 것으로 설명할 수도 있다는 것이다. 아무래도 프로그램의 고도화로 설명하는 것보다는 AI 기술을 강화했다는 설명이 수용자에게는 더 혁신적인 발전처럼 인식될 수 있다. 또한 AI 기술을 프로그램의 고도화로 설명할 경우, 이른바 약한 AI 기술로 이해할 가능성도 있다. 종종 AI를 기술의 수준에 따라 강한 AI와 약한 AI로 구분하기도 한다(Thierer et al., 2017). 이처럼 다양한 정의에 따라 여러 관점으로 이해할 수 있지만, 결국 개념상 AI 기술은 스스로 논리 판단을 하며 인간의 의사 결정을 도와주는 역할을 하는 범용 기술을 말한다(Brynjolfsson et al., 2018).

AI라는 개념 자체가 새로운 것은 아니지만 신경망을 기반으로 하는 딥 러닝 기술의 도입으로 사람의 역량을 빠르게 능가하면서 더욱 관심받기 시작했다(LeCun et al., 2015). AI 기술은 이렇게 스스로 학습한다는 특성 외에도 인간 생활의 광범위한 영역에서 활용되며, 기술의 방향과 속도를 가늠하기 어렵다는 특성이 있다(김길수, 2020). 현재 AI 기술은 계속 진화하고 있으며 수용자들에게도 디지털 트랜스포메이션 시대에 가장 중요한 기술의 하나로 인식되고 있다.

AI 기술 관련 연구

AI 기술 관련 연구는 AI 기술, 그 자체를 발명하고 발전시키며 응용하는 직접적인 연구 외에도 다양한 분야에서 기술 접목 및 확장 등에 관심을 나타내고 있다.

AI 기술 연구는 이를테면 피부암 탐지 등에 AI가 사람보다 앞서는 등(Leachman & Merlino, 2017) 다양한 분야에서 유용성에 대한 검증이 이루어지고 있다. 이 밖에도 AI 관련 연구는 AI 교육(박지민 · 정혜영, 2021), AI 기술 정책(정성영 · 고순주, 2021), 법적 대응(이원상,

2018), AI 특허(조재신, 2018), 바이오, 자동차, 반도체 등의 관련 산업(윤정섭 · 곽기현, 2021), 보건의료(배현아, 2017), 윤리(김도연 · 고영화, 2022), 디자인(한아름, 2020), 음악(박재록, 2019), 스포츠(이동환 · 전종우, 2022)에 이르기까지 다양하다. AI 기술은 이제 미디어에도 적용되고 있으며 다양한 콘텐츠 생산에도 관여하고 있다(박영숙 · 제롬 글렌, 2020). 이 책의 경우 또한 미디어와 콘텐츠에서 활용되는 AI 기술에 대한 사람들의 지각에 관한 것이라 할 수 있다.

AI 기술에 대한 태도

2040년대부터 스스로 결정하는 인공지능이 등장할 것이라는 예상(Miller & Bostrom, 2016)에 의하면, 현재 AI 기술은 계속 발전 중이며 그 방향 또한 다양하다. 따라서 AI에 대한 사람들의 인식 또한 획일적이지 않다. AI 기술에 대한 사람들의 태도는 보통 긍정적이지만 우려도 혼재하고 있다.

AI 기술에 대한 우려는 자율 주행 차량 사고 뉴스나 AI가 핵무기보다 더 큰 위협이 될 것이라는 스티븐 호킹(Stephen Hawking)과 일론 머스크(Elon Musk)의 경고(김길수, 2020), 그리고 개인 정보 해킹, 과도한 지능화 등 다양하게 제시된다(하대권 · 성용준, 2019). AI 위험 인식 조사 결과에 따르면, 거래에 따른 위험 인식이 가장 높았으며, 보안에 대한 위험 인식이 그 뒤를 이었다. 신체에 대한 위험 인식은 상대적으로 낮았다(김문구 · 박종현, 2017).

이러한 AI 기술에 대한 태도는 개인마다 차이를 보인다. 나이, 성별 등 인구 통계학적 변인이나, AI 기술 적용 분야에 따라 개인의 태도가 다르게 나타난다. AI 기술에 대한 태도는 보통 연령이 낮을수록 긍정적이다(Zhang & Dafoe, 2019). 적용 분야에 대해서는 직장의 경우, 직무 안정성 등을 이유로 부정적 태도를 나타낸다. 반면, 의학이나 교육 분야의 적용에 대해서는 긍정적인 것으로 나타났다(Fast & Horvitz, 2017; Zhang & Dafoe, 2019). 의학 분야에 대해서는 60대 이상의 연령층도 긍정적인 태도를 나타낸다(Broadbent et al., 2009).

AI 기술 인식에 영향을 미치는 변인들

이러한 AI 기술에 대한 태도에는 다양한 요인이 영향을 미치는데, 가상 인플루언서 지각과 관련 있는 영향 요인들은 크게 AI 기술 관여도와 AI 기술 신뢰도 그리고 미디어의 효과 등을 들 수 있다.

AI 기술 관여도

AI 기술 관여도는 AI 기술 인식에 영향을 미치는 주요 요인 중 하나라 할 수 있다. 관여도는 대상에 대해 지각하는 개인적 관련성 또는 중요성의 정도를 의미하며(Petty et al., 1986), 특정 대상에 대해 주의를 기울이는 정도(Ratchford, 1987), 혹은 특정 자극이나 상황에 의해 유발되고 추진되는 동기, 각성 또는 관심 상태라 정의하기도 한다(Havitz et al., 1994). 결국, 특정 대상이 자신과 관련 있다고 생각하는 정도를 말하며, 내재적 욕구나 개인의 가치 및 흥미에서 비롯된다(Zaichkowsky, 1985). 관여도는 느끼는 정도에 따라 고관여와 저관여로 구분되기도 한다.

이에 따르면, AI 기술 관여도는 AI 기술에 대해 개인이 지각하는 개인적 관련성 또는 중요성의 정도라 할 수 있다. 그 정도에 따라 AI 기술에 대해 긍정적이든 부정적이든 관심을 기울이는 상태라 할 수 있다.

앞서 기술한 기존 연구에서는 전문가의 72.1%, 일반인의 57.8%가 AI 기술에 대한 기대를 나타냈다(김윤정, 2018). 이러한 조사 결과는 AI 기술 관여도가 AI 기술에 대한 기대와 관계 있다고 볼 수 있다. AI 전문가는 일반인보다 관련 지식이나 정보가 많으며, 그에 따라 AI 기술 관여도가 높은 사람이라 할 수 있다. 따라서 AI 기술 관여도와 AI 기술에 대한 기대는 정적인 관계라 해석할 수 있으며, 그러한 경향이 일반인에게도 확장될 것이라 예상할 수 있다. 그에 따라 AI 기술 관여도의 역할을 검증한 관련 연구에 의하면, AI 기술 관여도가 AI 기술 신뢰도에 영향을 미치는 것으로 나타났다. AI 기술 관여도가 높을수록 AI 기술을 신뢰한다는 것이다. 그리고 이렇게 형성된 AI 기술 신뢰도는 AI 기술에 대한 태도에 영향을 미친다(이동환 · 전종우, 2022).

AI 기술 신뢰도

AI 기술이 보편화하기 위해서는 많은 문제가 해결되어야 한다. 기술적인 문제는 시간이 지나면서 다소 해결되겠지만, 선행되어야 할 것은 사람들의 신뢰를 얻는 일이다. 신뢰는 보통 사람 간의 관계에서 발생하는 감정이라 이해한다. 그런데 사람이 기술을 신뢰할 수 있는가?

한 조사에 의하면 AI 기술에 대한 사람들의 전반적인 신뢰도는 약간 높은 편으로, 7점 만점에 4.7을 나타냈다(김문구 · 박종현, 2017). 또한 전문가와 일반인의 AI 기술에 대한 기대는 유의한 차이를 드러냈다. 전문가의 72.1%, 일반인의 57.8%가 AI 기술에 대한 기대를 나타냈다(김윤정, 2018). 대체로 AI에 대한 지식이나 정보가 많을수록 신뢰도가 높게 나타났다. 이렇게 신뢰는 대인관계를 넘어 이제는 사람과 기계의 관계에도 적용된다(Waytz et al., 2014). 그것은 기술에 대한 신뢰(trust in technology)를 뜻하며, 기계에 인격을 부여하고 관계를 형성하는 것으로 설명된다(Legris et al., 2003). 이것은 가상 인플루언서에게 인격을 부여하는 것과도 유사한 맥락으로 이해할 수 있다. 기본적으로 기술에 대한 신뢰가 있어야만 기술의 혜택을 누릴 수 있다. AI를 활용한 서비스는 쉽게 이해하기 어려운 영역까지 광범위하게 걸쳐 있다. 따라서 개인 정보 보호와 같은 기본적인 문제부터 예기치 못한 다양한 신뢰 문제가 발생할 수 있다.

AI에 대한 신뢰는 AI의 성능 및 처리 그리고 목적 등의 차원으로 연구되고 있다(Hengstler et al., 2016). AI와 같은 기술에 대한 신뢰는 호의와 진실성이 필수적이지 않다는 면이 인간 신뢰(trust in people)와는 다르다. 사람들은 기술을 상대로 호의와 진실성을 기대하지 않으며 단지, 기술이 안정적으로 작동할 때 기술을 신뢰한다는 것이다(Li et al., 2009). 따라서 이러한 AI 기술 신뢰도의 구성 요소로 호의와 진실성보다는 공정성, 투명성과 설명 가능성, 책임성, 견고성, 프라이버시 보호, 안전성 등이 제시된다(김길수, 2020). 유사하게, AI 기술 신뢰에 영향을 미치는 요인으로는 신속성과 투명성(Glikson & Woolley, 2020), 정부의 정책(김이수, 2020) 등이 제시되고 있다.

이러한 AI 기술 신뢰도는 AI 기술에 대한 태도, 즉 우호적인 인식의 정도에 영향을 미친다(이동환 · 전종우, 2022).

미디어 효과

보통 개인의 관여도가 높을 경우, 대상의 평가에 더 많은 인지적 노력을 기울인다. 따라서 AI 기술에 대한 관여도가 높을수록 대상에 대해 적극적인 반응을 하며, 미디어를 통한 AI 관련 정보 탐색도 활발해진다.

관여도가 높은 소비자들은 더 많은 정보를 탐색하여(Brucks, 1985), 더 정확하게 정보를 파악한다(Alba & Hutchinson, 1987). 이렇게 높은 관여도로 인해 미디어에서 습득한 지식은 수용자의 기술에 대한 신념에 영향을 미친다. 관여도가 높을수록 관련 뉴스 소비가 증가하여 AI에 대한 신뢰도가 높아질 수 있다는 것이다. 관련 연구에 의하면 AI와 관련된 뉴스 소비는 AI 기술에 대한 신뢰도에 긍정적 영향을 미치는 것으로 나타났다(이동환 · 전종우, 2022). AI와 관련된 뉴스 소비가 많은 사람일수록 AI 기술에 대한 신뢰도가 높은 경향을 보인다는 것이다.

이상 기술한 AI 기술 신뢰도, AI 기술 관여도, 뉴스 소비 등은 사람들의 AI 기술에 대한 인식에 영향을 미친다. 그리고 이렇게 형성된 AI 기술에 대한 전반적인 인식은 가상 인플루언서 지각에도 영향을 미칠 수 있다.

참고문헌

고영복(2000). 《사회학사전》. 사회문화연구소.

김길수(2020). 인공지능의 신뢰에 관한 연구. 《한국자치행정학보》, 21-41쪽.

김도연 · 고영화(2022). 인공지능기술 윤리성 인식 척도개발 연구. 《디지털융복합연구》, 71-86쪽.

김문구 · 박종현(2017). 《인공지능과 신뢰: 이슈와 대응방안》. 한국전자통신연구원.

김윤정(2018). 인공지능 기술 발전에 따른 이슈와 대응방안. 《KISTEP Issue Weekly》, 한국과학기술기획평가원.

김이수(2020). 과학기술정책에서 혁신정책도구가 인공지능 신뢰성에 미치는 영향에 관한 탐색 연구-인공지능 윤리의 조절효과를 중심으로. 《한국자치행정학보》, 329-352쪽.

박영숙 · 제롬 글렌(2020). 《세계미래보고서 2021: 포스트 코로나 특별판》. 비즈니스북.

박재록(2019). 음악 제작에 도입된 기술과 인공지능에 관한 역사적 관점에서의 고찰. 《음악이론연구》, 108-143쪽.

박지민 · 정혜영(2021). 플립러닝을 활용한 프로젝트 기반 인공지능교육 프로그램이 인공지능 윤리의식과 창의적 문제해결력에 미치는 영향. 《교과교육학연구》, 359-368쪽.

배현아(2017). 보건의료법제 하에서 인공지능기술의 의료영역 도입의 의의와 법적 문제. 《법조》, 43-89쪽.

윤정섭 · 곽기현(2021). 지능정보기술의 파급효과를 고려한 연구개발 전략: 바이오, 자동차, 반도체 분야를 중심으로. 《한국혁신학회지》, 95-119쪽.

이동환 · 전종우(2022). 인공지능 기술 인식과 뉴스 소비가 인공지능 심판 야구 경기 관람의도에 미치는 영향. 《미디어 경제와 문화》, 7-31쪽.

이원상(2018). 인공지능 대응에 있어 형사법 이론의 한계. 《형사법의 신동향》, 444-475쪽.

정성영 · 고순주(2021). 인공지능정책의 경로창조적 특성에 관한 연구: 신제도주의의 경로 변화 이론을 기반으로. 《한국IT서비스학회지》, 93-115쪽.

조재신(2018). 4차 산업혁명을 선도하는 유럽의 인공지능(AI) 특허기술. 《디지털콘텐츠학회 논문지》, 1937-1945쪽.

하대권 · 성용준(2019). 선택에 관여하는 인공지능이 사용자 평가에 미치는 영향. 《한국심리학회지: 소비자·광고》, 55-83쪽.

한아름(2020). 인공지능(AI) 기술 기반 제품디자인 사례 연구-뷰티 디바이스를 중심으로. 《한국디자인문화학회지》, 525-535쪽.

Adams, S., et al.(2012). Mapping the landscape of human-Level artificial general intelligence. *AI Magazine, 33*(1), pp.25-42.

Alba, J. W. & Hutchinson, W.(1987). Dimensions of consumer expertise. *Journal of Consumer Research*, 13, pp.411 - 454.

Broadbent, E., et al.(2009). Acceptance of healthcare robots for the older population: Review and future directions. *International Journal of Social Robotics, 1*(4), pp.319-330.

Brucks, M.(1985). The effects of product class knowledge on information search behavior. *Journal of Consumer Research*, 12, pp.1-16.

Brynjolfsson, E., et al.(2018). Artificial intelligence and the economics of artificial intelligence: An agenda. *National Bureau of Economic Research*, pp.23-57.

Fast, E. & Horvitz, E.(2017). Long-term trends in the public perception of artificial intelligence. In *Thirty-First AAAI Conference on Artificial Intelligence*, Retrieved from https://ojs.aaai.org/index.php/aaai/article/view/10635

Glikson, E. & Woolley, A. W.(2020). Human trust in artificial intelligence: Review of empirical research. *Academy of Management Annals, 14*(2), pp.627-660.

Havitz, M. E., et al.(1994). Segmenting the adults fitness market using involvement profile. *Journal of Park and Recreation Administration*, 12, pp.38-56.

Hengstler, M., et al.(2016). Applied artificial intelligence and trust: The case of autonomous vehicles and medical assistance devices. *Technological Forecasting and Social Change*, 105, pp.105-120, https://www.sciencedirect.com/science/article/pii/S0040162515004187

Leachman, S. A. & Merlino, G.(2017). Medicine: The final frontier in cancer diagnosis. *Nature, 542*(7639), p.36.

LeCun, Y., et al.(2015). Deep learning. *Nature, 521*, pp.436-444.

Legris, P., et al.(2003). Why do people use information technology? A critical review of the technology acceptance model. *Information & Management, 40*(3), pp.191-204.

Li, X., et al.(2009). Why do we trust new technology? A study of

initial trust formation with organizational information systems. *Journal of Strategic Information Systems, 17*(1), pp.39–71.
https://www.sciencedirect.com/science/article/abs/pii/S0963868708000036

Miller, V. C. & Bostrom, N.(2016). Future progress in artificial intelligence: A survey of expert opinion. In *Fundamental issues of artificial intelligence*(pp.555–572). Springer, Cham.

Petty, R. E., et al.(1986). Central and peripheral routes to advertising effectiveness: The moderating role of involvement. *Journal of Consumer Research, 10*(2), pp.135–146.

Ratchford, B. T.(1987). New insights about The FCB Grid. *Journal of Advertising Research*, 27, pp.24–38.

Rich, E., et al.(2009). *Artificial intelligence*(3rd ed.). New Dehli, India: Tata Mcgraw-Hill.

Rosa, A., et al.(2016). A framework for searching for general artificial intelligence. Corr Abs/1611. 00685. pp.1 – 54.

Russell, S. & Norvig, P.(2010). *Artificial intelligence: A modern approach*(3rd ed.). Englewood Cliffs, Nj: Prentice Hall.

Thierer, A., et al.(2017). Artificial intelligence and public policy. *Mercatus Research*. Mercatus Center at George Mason University(Ed.), 614 B. W. Wirtz Et Al. Retrieved July 2, 2018.

Waytz, A., et al.(2014). The mind in the machine: Anthropomorphism increases trust in an autonomous vehicle. *Journal of Experimental Social Psychology*, 52, pp.113–117.

Zaichkowsky, J. L.(1985). Measuring the involvement construct.

Journal of Consumer Research, 14(3), pp.341–52.
Zhang, B. & Dafoe, A.(2019). Artificial intelligence: American attitudes and trends. Available at SSRN 3312874.

04
가상 인플루언서 지각

가상 인플루언서에 대한 우리의 인식은 사회적 · 개인적 차원의 상호 작용을 통해 형성된다. 그중 사회적 요인인 동조 현상과 네트워크 효과는 가상 인플루언서 지각을 이해하는 데 유용하다. 개인적 차원의 지각 방식에서는 불쾌한 골짜기 이론과 현존감 개념이 중요한 해석의 틀을 제공한다.

AI와 사주?

동조에 의한 지각

우리가 가상 인플루언서를 지각하는 요인은 사회적 · 개인적으로 다양하다. 먼저 사회적 요인이라 할 수 있는 동조 현상과 네트워크 효과는 가상 인플루언서 지각의 이해에 유용하다.

많은 사람이 가상 인플루언서를 따르고 좋아하는 것을 보면, 다른 사람들도 따라 하는 경향이 있다. 이를 사회적 동조 현상의 관점으로 볼 때, 다수 의견에 동조함으로써 실존하지 않는 가상 인플루언서에 대한 편향적 지각을 강화하는 과정으로 볼 수 있다.

가상 인플루언서의 팔로워들은 가상 인플루언서의 주요 활동 공간인 인터넷 어딘가의 가상 공간에서 가상 공동체를 형성하게 된다. 팔로워들은 이러한 가상 공동체를 통해 결속되며, 자유로운 참여를 통해 수평적 구조 내에서 소통과 공유를 통해 소속감을 경험한다. 그러한 과정에서 가상 인플루언서를 지각할 때 다수 의견을 따르게 되는 이른바 '동조(conformity) 현상'이 발생하게 된다.

이러한 동조 현상은 사회적 지지(social support)의 영향을 받는다. 예를 들어, 인플루언서가 제공하는 정보에 대해 다른 팔로워들의 지지 수준이 높다고 평가할수록 해당 정보가 정확하다고 인식한다(Gardikiotis et al., 2005). 그리고 사회적 지지의 강도가 강한 집단의 영향을 받기도 한다(Christensen et al., 2004). 집단 내에 지지의 강도가 특히 강한 집단이 존재할 경우, 팔로워들 간에도 그 집단을 지각하는 정도에 따라 영향력의 흐름이 나타난다. 영향력의 흐름은 인플루언서에 대한 지지가 강한 팔로워에서 약한 팔로워에게 전달되는 경향을 나타낸다(남연주 · 김용호, 2021). 마치 여론 형성에서 소수의 의견 선도자(opinion leader)들의 견해가 다수의 수용자에게 영향을 미치는 것과 유사하다.

나아가, SNS 등 가상 공간에서 인플루언서와의 관계가 얼마나 좋은지, 혹은 경제적 기여를 얼마나 하는지에 따라 팔로워 간 위계적인 계급 구조가 형성되기도 한다(안진 · 최영, 2016). 가상 인플루언서에 대한 의견에도 다수 의견을 형성하는 의제 설정자나 의견 선도자의 영향이 나타나기 마련이라는 것이다. 그에 따라 형성된 다수의 의견이 개인의 가상 인플루언서 지각에도 영향을 미친다. 예컨대 가상 인플루언서가 얼마나 성격이 명랑한지, 매력적인지, 친숙한지 등 가상 인플루언서에게 부여된 인격을 지각할 때 팔로워 다수의 지각이 개인의 지각에도 영향을 미친다는 것이다. 이러한 동조에 의한 지각은 특정 가상 인플루언서의 팔로워를 벗어나 일반인에 이르기까지 광범위하게 확장될 수 있다. 가상 인플루언서의 활동이 인터넷 공간에 국한되지 않고 뉴스나 광고를 비롯한 다양한 콘텐츠로 확장되기 때문이다.

동조는 집단 압력의 결과로 개인의 행동이나 신념이 변화하는 것을 말한다(Kiesler & Kiesler, 1969). 이러한 동조 현상에 관련된 전통적 연구로는 이른바 '애시의 선분 실험'이 잘 알려져 있다. 솔로몬 애시(Solomon Asch)는 7~9명 단위의 학생들에게 선분을 제시한 후 그 선분의 길이와 같은 길이의 선분을 3개의 보기 중에서 선택하게 했다. 그 실험에서 진짜 피험자는 1명뿐이고 나머지 학생들은 오답을 말하도록 사전에 지시했다. 연구 결과, 오답 조치를 하지 않은 집단의 정답률은 99% 이상인 반면, 사전에 오답 조치를 한 실험 집단의 정답률은 평균 66%를 나타냈다. 다른 참여자의 오답이 피험자의 선택에 영향을 미쳐, 결과적으로 평균 33%의 동조 현상이 나타난 것이다. 그 원인으로, 동조한 피험자는 자신의 결정이 정확하지 않을 수 있다는 의심이 들었다는 답을 했다. 심지어 실험이 반복될수록 다른 사람들이 자신을 못마땅하게 생각할 것 같은 두려움이나, 수치심, 고립감 등을 느낀다고 했다. 한편, 다른 사람들이 틀린 것을 알았지만 돌출되기 싫어 다수 의견에 동조했다는 피험자도 있었다(Asch, 1951). 동조는 사람이 사회생활을 하면서 본인이 속한 사회의 갈등을 해결하고 순응하여 적응해 나가는 방식의 하나로 볼 수 있다. 동조는 정보적 동조(informational conformity)와 규범적 동조(nonnative conformity)로 구분된다(Deutsch & Gerard, 1955). 정보적 동조는 자신의 행동을 정확하게 조정하고자 할 때 발생하며, 규범적 동조는 타인으로부터 사회적 승인을 받고자 할 때 발생한다.

그에 따르면, 가상 인플루언서 지각에서 자신의 정보가 불확실하다고 인식한다면 정보적 동조가, 본인이 속한 사회구성원들과 교감하고자 한다면 순응적 태도를 보이는 규범적 동조가 발생할 가능성이 있다. 또한 정보적 동조와 더불어 다른 사람들이 틀린 것을 알면서도 외형적으로 동조하는 심리 상태는, 후에 취급할 지각 편향이 발생한 것으로 볼 수도 있다. 지각 편향은 특정 대상에 대한 타인과 자신 간 지각의 차이를 평가하는 것을 말한다. 타인보다 자신의 정보가 불확실하다고 인식한 것, 그리고 다른 사람들이 틀린 것을 안다는 것은, 그 자체로 대상에 대한 자신과 타인 간 지각의 차이를 평가한 것으로 볼 수 있다.

네트워크 효과에 의한 지각

사람들은 콘텐츠 소비에 네트워크의 영향을 받는다. 특정 콘텐츠가 본인이 속한 사회에서 많이 회자되고 소비될수록, 본인 또한 많이 공유하고 소비할 가능성이 크다는 것이다. 가상 인플루언서 콘텐츠의 소비도 이러한 관점에서 이해할 수 있다.

네트워크 효과(network effect)는 특정 재화의 소비자 관계가 증가할수록 그 재화의 가치가 급등하는 현상을 말한다(Katz & Shapiro, 1994). 재화에 따라 종종 특정 거래의 결과가 거래 당사자가 아닌 제3자에게 영향을 주는 네트워크 외부성(network externalities)이 나타난다. 어떤 재화에 대한 수요가 그 재화를 소비하는 다른 사람들의 수요에 의해 영향을 받는다는 것이다. 결국, 소비자 규모가 어느 정도 확장되는 임계점(critical mass)에 도달하면, 해당 재화의 가치가 급등하여 더 많은 소비자가 모이는 현상을 설명하는 개념이다(Katz & Shapiro, 1985). 이러한 네트워크 효과는 수학적으로 설명되기도 한다. 잘 알려진 멧커프의 법칙(Metcalfe's law)에 따르면 네트워크의 유용성은 사용자 수(n)의 제곱에 비례하여 기하급수적인 증가를 나타낸다(Metcalfe, 2013). 예를 들어, 현재 팩스를 가진 사람이 3명인 경우 1 대 1로

연결 가능한 방법은 세 가지다. 1명이 더 추가되어 4명인 경우에는 여섯 가지가 된다. n명의 경우 n(n-1)/2가지다. 사용자 수(n)가 1000에서 1만으로 열 배가 될 경우, 네트워크의 가치는 100배 증가한다.

네트워크 효과의 유형으로는 밴드 왜건 효과(band wagon effect), 스노브 효과(snob Effect), 베블런 효과(Veblen effect) 등이 제시되었다(Leibenstein, 1950). 밴드 왜건 효과는 악대차(band wagon)에 사람들이 모이는 것처럼, 많은 사람이 소비하는 재화에 본인도 관심을 가지게 되는 효과를 말한다. 반대로 스노브 효과는 많은 사람이 구매하는 재화의 소비를 꺼리는 효과를 말한다. 베블런 효과는 부자들의 과시 소비와 부자가 아닌 사람들의 모방 소비를 말한다. 세 가지 효과 모두 타인의 지각을 전제로 발생하는 소비 형태라 할 수 있다. 가상 인플루언서가 등장하는 콘텐츠의 소비 또한 본인이 속한 또래 집단이나 준거 집단의 영향을 받게 된다. 특히 가상 인플루언서의 주요 활동 공간인 SNS는 가상 인플루언서의 핵심 소비자인 2030세대의 주요 소통의 장이기도 하다. 그 공간에서 드러나는 다른 사람들의 인플루언서 콘텐츠 소비는 각 개인의 인플루언서 지각에도 영향을 미친다.

이러한 동조 현상이나 네트워크 효과는 다른 사람들의 지각에 대한 지각을 설명하는 것으로, 동일한 대상에 대해 다른 사람들도 지각할 것이라는 개인의 지각을 전제로 한다. 가상 인플루언서의 경우, 다른 사람들의 가상 인플루언서에 대한 지각이 본인의 지각에도 영향을 미칠 것을 암시한다.

개인적 지각, 불쾌한 골짜기

가상 인플루언서에 대한 개인적 지각 방식의 이해에는 불쾌한 골짜기 이론(uncanny valley theory)이 유용하다. 이 연구는 인간과 유사하지만 완벽하지는 않은 로봇이나 가상 캐릭터에 대한 인간의 불편함을 설명하여, 가상 인플루언서에 대한 지각을 이해하는 데 도움을 줄 수 있다.

불쾌한 골짜기(不気味の谷)는 일본의 로봇 공학자인 모리 마사히로(森政弘)가 제안했다. 마사히로는 인간 외형과 유사한 대상인 휴머노이드 로봇, 그리고 유사하지 않은 대상인 동물 복제 인형에 대해 사람들이 인식하는 인간 유사성(human likeness)과 친숙도(familiarity)의 관계를 제시했다. 두 대상 모두 인간 유사성이 높아질수록 친숙도가 증가했다가 일정 수준에 도달하면 급격하

게 하락하는 구간이 나타났다. 그러나 그 급락 구간을 지나 인간과 구별이 어려울 정도로 인간 유사성이 매우 높아질 경우, 친숙도는 다시 급상승하게 된다. 이때, 인간 유사성에 따른 친숙도가 V자를 그리며 급락했다가 다시 급상승하면서 이루어지는 최저 구간을 마사히로는 불쾌한 골짜기라 명명했다. 불쾌한 골짜기에서 가장 혐오감을 주는 골짜기의 바닥은 시체를 지나 좀비에 이른다(Masahiro, 1970). 불쾌한 골짜기에 다다른 대상에 대해, 마치 좀비의 움직임처럼 인식할 수 있다는 것이다.

이러한 이유는 인간 유사성에 따라 다소 역설적으로 설명된다. 인간과 닮지 않은 대상의 경우 인간 유사성이 오히려 더 쉽게 드러나게 되고, 그로 인해 호감도가 증가한다. 예를 들어, 영화 〈스타워즈〉에 나오는 로봇 R2-D2나 C-3PO는 혐오감을 불러일으키지는 않는다. 반대로 인간과 닮은 대상은 인간과 닮지 않은 특성들이 오히려 더 쉽게 드러나게 된다. 따라서 불쾌한 골짜기의 바닥에서 비유한 것처럼 마치 시체나 좀비의 이상한 움직임으로 인식한다는 것이다. 예를 들어 영화 〈폴라 익스프레스〉의 캐릭터들은 전혀 실물처럼 느껴지지 않아 섬뜩한 인상을 준다는 평가를 받는다.

원론적으로 'uncanny' 개념을 가장 먼저 사용한 에른

스트 옌치(Ernst A. Jentsch)는 그것을, "어떤 생명 있어 보이는 존재가 정말 살아 있는 건지, 혹은 반대로 어떤 생명 없는 사물이 혹시 살아 있는 건 아닌지 하는 의심"으로 규정했다. 이런 섬뜩한 의심은 시체와 좀비의 동작을 닮은 휴머노이드가 불쑥 죽음을 연상시키기 때문에 발생한다. 또는 뭔가 결함이 있어 보이는 존재가 종족의 유전자 풀에 섞여 들어오는 것에 생명체가 본능적 거부 반응을 보이기 때문이라고 설명하기도 한다(진중권, 2007).

종종 이런 불쾌한 골짜기를 지지하는 연구 결과를 찾아볼 수 있다. 예를 들어, 가상의 이미지가 실제 인간과 닮을수록 피험자의 불쾌감이 높아지며, 이러한 불쾌감은 가상 이미지에 대한 신뢰에 부정적 영향을 미칠 수 있는 것으로 나타났다(Shin et al., 2019). 그리고 인플루언서 유형 간 비교 연구에서도 유사한 결과가 나타났다. 인간 인플루언서, 인간과 유사한 가상 인플루언서, 그리고 애니메이션과 유사한 가상 인플루언서를 비교 분석한 결과, 인간과 유사한 가상 인플루언서에게 더 부정적인 반응을 나타냈다(Arsenyan & Mirowska, 2021). 그러나 불쾌한 골짜기 이론은 골짜기 구간을 지나 인간 유사성이 매우 정교해지면 결국, 친숙도가 급상승할 것을 제안한다. 현재 가상 인플루언서 구현 기술은 시시각각 발전하고 있으므로 가상 인플루언서 지각 연구에도 가상 인플루언서의 인간 유사성이 골짜기를 벗어난 수준을 반영할 필요가 있다.

한편, 불쾌한 골짜기 이론에서 제시한 인간 유사성(human likeness) 개념은 연구자마다 지각된 현실성(MacDorman et al., 2010), 의인화 수준(Arsenyan & Mirowska, 2021), 혹은 인지된 의인화(Ma & Li, 2024) 등 사전적 의미로는 다소 차이가 있는 개념을 유사한 맥락으로 사용하고 있다. 친숙도(familiarity) 또한 친밀감, 호감도 등의 다양한 개념이 유사한 맥락으로 관련 연구에 사용되고 있다.

불쾌한 골짜기 이론은 가상 인플루언서 지각에 대한 이해에 중요하며 기본적인 단서를 제공한다. 이론에 사용된 인간 유사성과 유사한 개념 중 하나로, 가상 인플루언서 관련 연구에서는 의인화(Anthropomorphism)라는 개념이 종종 활용된다. 의인화는 가상 인플루언서에게서 지각되는 인간다움의 정도를 말한다(Ma & Li, 2024). 그러한 가상 인플루언서의 의인화 수준은 가상 인플루언서에 대한 친숙도와 신뢰감, 그리고 매력도에 영향을 미친다(원종신, 2023; 이지연 · 주은신, 2024). 가상 인플루언서가 인간과 구분되지 않는 정도의 제작 수준을 보인다면 더욱 효과적일 것이며(학가위 외, 2022). 결국, 가상 인플루언서 지각은 가상 인플루언서가 얼마나 인간다운가에 따라 차이를 나타낸다(McDonnell et al., 2012). 이러한 연구 결과들은 불쾌한 골짜기 이론을 여전히 지지하는 것으로 볼 수 있다. 이러한 인간 유사성과 더불어 가상 인플루언서 지각의 영향 요인은 계속 추가되어 보고되고 있다.

환영적 지각, 현존감

인간 유사성이나 의인화 수준이 가상 인플루언서 지각의 핵심 요인이라는 것은, 그 자체로 가상 인플루언서 지각이 허구라는 것의 고백이며 반증이다. 엄밀히 말하면, 가상 인플루언서를 지각한다는 것은 개인의 환각 혹은 착각에 의존하는 지극히 개인적 사건이다. 따라서 수용자 간 지각의 차이가 크게 나타날 수 있다.

현존감(presence)은 그러한 개인적이며 환영적인 지각을 설명하는 개념이다. 현존감은 미디어가 제공하는 가상의 환경을 경험하거나 가상의 대상과 상호 작용할 때 자신이 그곳에 있다고 느끼는 주관적인 심리 상태를 말한다(Lessiter et al., 2001). 가상 현실(virtual reality,

VR)이나 증강 현실(augmented reality, AR) 등의 구현 기술은 수용자에게 가상의 공간이나 대상을 실제처럼 느낄 수 있는 경험, 즉 현존감을 제공한다. 가상 인플루언서와 관련하여 현존감은, 실제 공간에 가상 물체가 제시될 때 가상 물체를 실제와 같이 인식하고 이러한 가상과 실제가 혼합된 공간에 자신이 함께 존재한다고 느끼는 것이라 정의된다(서희전, 2008). 가상 물체에는 가상 인플루언서도 포함된다.

아이러니하게도 현존감은 현존하지 않는 것에 대한 느낌을 설명하는 개념이다. 현존감의 모순되는 점은, 개인이 현존감을 느끼는 그 순간에도 그것이 현존하지 않는다는 것을 잘 안다는 사실이다. 본인이 게임 속 세상에 있다고 느끼는 한편, 자신이 VR 기기를 이용하고 있을 뿐이라는 것도 잘 안다는 것이다.

가상 인플루언서 지각 또한 실재와 부재를 동시에 느끼는 모순적 지각이다. 오히려 부재를 전제로 하는 지각이다. 따라서 다양한 수용자 특성에 따라 개인 간 지각의 차이가 크게 나타날 수밖에 없다.

참고문헌

남연주 · 김용호(2021). 인스타그램 인플루언서 마케팅의 팔로워 지각

효과에 관한 연구: 코어 팔로워 규모 지각에 따른 동조성과 인플루언서 이미지의 매개 효과를 중심으로. 《미디어, 젠더 & 문화》, 275-333쪽.
서희전(2008). 증강현실기반 학습 환경에서 학습자의 현존감, 학습 몰입감, 사용성에 대한 태도, 학업성취도의 관계 연구. 《교육정보미디어연구》, 137-166쪽.
안진 · 최영(2016). 인터넷 개인방송 시청공동체 특성에 관한 탐색적 연구. 《한국방송학보》, 5-53쪽.
원종신(2023). 가상 인플루언서 디자인의 조형성 원리와 심미성이 소비자 태도에 미치는 영향. 《상품문화디자인학연구(KIPAD논문집)》, 11-24쪽.
이지연 · 주은신(2024). 가상 인플루언서의 인지된 의인화가 광고태도에 미치는 영향: 매력성, 브랜드 애착, 준사회적 상호 작용의 매개효과를 중심으로. 《광고PR실학연구》, 125-154쪽.
진중권(2007.12.7). [진중권의 이매진] 우리는 디지털 가상 세계의 좀비들인가. 《씨네21》, http://www.cine21.com/news/view/?mag_id=49358
학가위 외(2022). 초현실 가상인플루언서에 대한 신뢰와 애착이행동의도에 미치는 영향: 신뢰구축모델을 기반으로. 《정보시스템연구》, 75-100쪽.
Arsenyan, J. & Mirowska, A.(2021). Almost human? A comparative case study on the social media presence of virtual influencers. *International Journal of Human-Computer Studies*, 155, 102694.
Asch, S.(1951). Effects of group pressure upon the modification and distortion of judgement. In H. Guetzkow(Ed.), *Groups, leadership and men*. Pittsburgh, Pa: Carnegie Press.
Christensen, P. N., et al.(2004). Social Norms and Identity

Relevance: A Motivational Approach to Normative Behavior. *Personality & Social Psychology Bulletin. 30*(10). pp.1295-1309.

Deutsch, M. & Gerard, H. B.(1955). A study of normative and informational social influences upon individual judgment. *The journal of abnormal and psychology, 51*(3), p.629.

Gardikiotis, A., et al.(2005). Group Consensus in Social Influence: Type of Consensus Information as a Moderator of Majority and Minority Influence. *Personality & Social Psychology Bulletin. 31*(9). pp.1163-1174.

Katz, M. L. & Shapiro, C.(1985). Network externalities, competition, and compatibility. *American Economic Review 75*(3), pp.424-440.

Katz, M. L. & Shapiro, C.(1994). Systems competition and network effects. *Journal of Economic Perspectives 8*(2), pp.93-115.

Kiesler, C. A. & Kiesler, S. B.(1969). *Conformity*. Addison Wesley Publishing Company.

Leibenstein, H.(1950). Bandwagon, Snob, and Veblen Effects in the theory of Consumers' Demand. *The Quarterly Journal of Economics, 64*(2), pp.183-207.

Lessiter, J., et al.(2001). A Cross-media presence questionnaire: The ITC-sense of presence inventory. *Presence, Teleoperators and Virtual Environments, 10*(3), pp.282-297.

Ma, Y. & Li, J.(2024). How humanlike is enough?: Uncover the underlying mechanism of virtual influencer endorsement. *Computers in Human Behavior: Artificial Humans, 2*(1), 100037. doi: 10.1016/j.chbah.2023.100037

MacDorman, K. F., et al.(2010). Gender differences in the impact of presentational factors in human character animation on decisions in ethical dilemmas. *Presence, 19*(3), pp.213-229.

Masahiro, M.(1970)The uncanny valley, Energy, 7(4), pp.33-35.

McDonnell, R., et al.(2012). Render me real? Investigating the effect of render style on the perception of animated virtual humans. *ACM Transactions on Graphics(TOG), 31*(4), pp.1-11.

Metcalfe, B.(2013). Metcalfe's law after 40 years of ethernet. *Computer, 46*(12), pp.26-31.

Shin, M., et al.(2019). Uncanny valley effects on friendship decisions in virtual social networking service. *Cyberpsychology, Behavior, and Social Networking, 22*(11), pp.700-705.

05
정보원 특성과 가상 인플루언서 지각

같은 내용의 정보라도 누가 전달하는가에 따라 설득의 효과가 달라진다. 이를 설명하는 것이 정보원 효과 모델이다. 가상 인플루언서에게서도 정보원 특성을 지각할 수 있는데, 실존 인플루언서 지각과 유사한 점도 있고, 차이점도 있다.

AI와 아이돌?

정보원의 유형과 효과

정보원은 콘텐츠에 등장해 정보를 전달하는 인물 및 다양한 캐릭터를 말한다. 광고에서는 보통 광고 모델을 뜻하는데, 인플루언서 마케팅에서는 인플루언서를 정보원이라 할 수 있다. 동일한 메시지라도 어떻게, 누가 전달하는가에 따라 설득의 효과는 달라진다. 이러한 정보원의 효과를 알아보는 것은 가상 인플루언서 지각과 가상 인플루언서 콘텐츠의 설득 효과에 대한 단서를 제공한다.

정보원의 유형은 보통 유명인, 전문가, 최고 경영자, 일반인 등으로 구분되며 보증인(endorser), 대변인(spokesperson), 배우(actor) 등의 역할을 한다. 보증인은 정보원이 광고의 상품이나 서비스를 추천하며 보증하는 역할을 한다는 의미다. 특히 유명 보증인(celebrity endorser)은 그런 역할을 할 때 대중적인 인지도를 이용한다(McCracken, 1989). 대변인은 단순히 기업이나 기관을 대신해 메시지를 전달하는 역할을 말하며, 배우는 이야기 구조의 광고에서 배역을 연기하는 역할을 한다는 의미다.

인플루언서는 특정 주제에 대한 전문성을 바탕으로 자신의 의견을 표현하고, 그 의견이 팔로워들에게 큰 영향을 미치는 사람이라 정의된다(황봄님, 2019). 이러한 정의에 따르면 전문성을 바탕으로 정보를 전달한다는 측면에서 전문가 유형의 정보원이라 할 수 있다. 또한 팔로워들에게 미치는 영향력의 규모에 따라 유명인 혹은 일반인 유형의 정보원으로 구분할 수도 있다. 가상 인플루언서의 경우, 제작사가 기획해 부여한 인격과 개성에 따라 다양한 정보원 유형으로 지각될 수 있다.

같은 내용이라도 어떠한 방식으로 정보를 전달하는가에 따라 수용 효과는 달라진다. 보통 콘텐츠의 화면 밖에서 내레이션(narration)만으로 정보를 전달하는 것보다는 화면 안에 그 화자, 즉 정보원이 직접 등장해 전달하는 것이 더욱 효과적이다(Sutherland, 1993). 이른바 코로나 시절에 비대면 수업에서 교수자의 모습이 화면에 나타나도록 조치했던 것도 같은 맥락으로 이해할 수 있다. 정보원의 모습을 제시하는 것만으로도 정보 전달의 효과가 달라진다는 것은, 정보원의 효과가 다양하게 발생할 것을 암시한다. 나아가 같은 정보일지라도 누가 전달하는가에 따라 설득의 효과가 달라진다(Erdogan, 1999). 그것을 설명하는 것이 정보원 효과 모델(source effects models)이다. 정보원 효과 모델은 주로 광고 메시지를 중심으로 설명된다. 광고에서 광고주가 직접 나

서지 않고 다른 화자를 이용하는 목적은, 친숙하고 매력적이며 신뢰할 수 있는 인물을 통해 설득 효과를 높이려는 것이다(이정교, 2012). 이러한 목적에 의하면 정보원 효과의 대체적인 요인이 드러난다. 정보원 효과는 친숙, 매력, 신뢰에 기인한다는 것이다.

정보원 효과 모델은 정보원의 신뢰(credibility)와 매력(attractiveness) 속성을 기반으로 정보원 효과를 설명한다.

먼저, 정보원 신뢰도는 정보원의 전문성(expertness)과 진실성(Trustworthiness)으로 구성된다(Hovland et al., 1953). 전문성은 정보원이 객관적이고 정확한 정보를 전달할 능력이 있을 것이라 지각하는 정도를 말한다. 예를 들어, 특정 게임의 베타 테스트에 대한 견해는 게임 인플루언서가 일반인보다 전문성이 높을 것이라 지각할 것이다. 진실성은 정보원의 메시지가 얼마나 진실하고 타당한지 지각하는 정도를 말한다. 인플루언서 마케팅에서는 일반적으로 후원받은 브랜드를 명확히 공개할 것을 권장한다. 이른바 '뒷광고'는 콘텐츠와 인플루언서의 진실성에 부정적인 영향을 미치기 때문이다. 또한 '좋아요'나 팔로워 수 조작, 인플루언서의 불공정한 리뷰나 허위 정보는 진실성 문제뿐 아니라 법적인 제재를 받을 수도 있다. 인플루언서는 팔로워들과의 신뢰를 기반으로 상호 작용한다는 점에서(Isaiah et al., 2022), 전문성과 진실성으로 구성되는 신뢰도는 정보원의 중요한 속성이라 할 수 있다.

정보원의 매력도는 친숙도(familiarity), 유사성(similarity), 호감도(likeability) 등으로 세분된다(McGuire, 1985; Taylor & Baker, 1994). 친숙도는 정보원의 잦은 노출로 인해 친숙함을 느끼는 정도이며, 유사성은 수용자가 지각하는 정보원과의 유사성을 말한다. 호감도는 정보원의 모습과 태도나 행동에서 지각하는 긍정적인 감정의 정도를 말한다.

정보원 효과 모델의 매력도 속성들은 앞 장의 불쾌한 골짜기(uncanny valley)의 대상 지각 요인들과 유사하다. 불쾌한 골짜기 그래프는 결국, x축의 인간 유사성의 증감에 대한 y축의 친숙도 변화를 설명하는 것이다. 여기서 x축의 인간 유사성(human likeness)은 매력도의 세분화 요인 중 하나인, 유사성(similarity)과 개념상 비슷하며, y축의 친숙도(familiarity)는 매력도의 세분화 요인 중 하나인, 친숙도와 같은 단어를 사용한다. 연구에 따라 불쾌한 골짜기의 친숙도는 호감도 개념으로 이해해 사용하기도 한다(김형석, 2022; 조단양 · 한광섭,

2022).

종종 정보원 효과 모델의 속성 요인들은 재구성되기도 한다. 예를 들어, 유명인의 신뢰도를 전문성, 진실성, 매력도의 세 가지 차원으로 구성하여 제시하기도 한다(Ohanian, 1990). 그리고 정보원의 매력도를 친숙도, 유사성, 호감도로 구분해 제시하지만(McGuire, 1985; Taylor & Baker, 1994), 인플루언서의 정보원 특성 관련 연구에서는 친숙도와 호감도를 매력도의 구성 요인이 아니라 매력도와 대등한 지각 요인으로 취급하기도 한다(곽지혜 · 여은아, 2021; 김경인, 2023; 김춘호, 2021). 연구 목적에 따라 정보원 효과 모델의 속성 요인을 재구성하기도 하고, 유사한 개념을 혼용하기도 하며, 매력과 신뢰를 중심으로 다른 속성 요인을 추가하기도 하는 것이다.

수용자의 지각에 영향을 미치는 정보원의 특성은 주로 매력, 신뢰성, 전문성, 진실성(Friedman & Friedman 1979; Tripp et al., 1994) 그리고 친숙도(Campbell & Keller 2003; Zajonc, 1968) 등 다양한 요인으로 설명해 왔다. 이러한 기존 정보원 특성 연구를 반영해 인플루언서의 특성 요인 또한 다양하게 제시된다.

가상 인플루언서의 정보원 특성

'실존'이라는 말 그대로 실존 인플루언서의 존재는 의심하지 않고 다양한 감정으로 반응한다. 그런데 실존하지 않는 것이 확실함에도 어떻게 가상 인플루언서에게 감정을 느낄 수 있을까?

그에 대한 대답을 위해 사회적 행위자(computer As social actor, CASA) 패러다임이 자주 인용된다. 사람들이 컴퓨터나 로봇 같은 대상에게서 인간 특성이 발견될 때 사회적 행위자로 취급하고 반응한다는 것이다(Reeves & Nass, 1996). 여기서 인간 특성의 발견은 의인화(anthropomorphism)를 통해 가능해진다. 결국 가상 인플루언서는 의인화를 통해 사회적 존재 대상이 될 수 있으며(Munnukka et al., 2022) 매력적이며 친숙하고 진정성 있는 대상이 될 수도 있다는 것이다. 가상 인플루언서의 의인화 수준은 가상 인플루언서에 대한 친숙도와 신뢰감(원종신, 2023), 그리고 매력도에 영향을 미친다(이지연 · 주은신, 2024).

말 그대로 영향력 있는 인플루언서가 되려면, 수용자들이 긍정적으로 지각할 만한 모습을 보여야 할 것이다. 가상 인플루언서도 같은 목적으로 운용되기 때문에 정보원으로서 이들이 나타내는 특성은 수용자의 지각에 영향을 미치는 중요한 요인이 될 수 있다(Darner & Arvidsson, 2019; Molin & Nordgren, 2019). 수용자에게 영향을 미치는 인플루언서의 특성 요인은 연구에 따라 다양하지만, 크게 매력도와 친숙도 그리고 진정성의 세 가지 맥락으로 분류할 수 있다. 먼저, 인플루언서의 매력도는 다양한 연구에서 사용되는 특성이다. 두 번째, 친밀성, 친근성, 유사성, 동질성 등 수용자가 지각하는 자신과의 유사함에서 비롯되는 요인은, 친숙도와 유사한 맥락으로 이해할 수 있다. 마지막으로 신뢰성, 전문성, 진실성 등 인플루언서에 대한 믿음과 관련된 진정성으로 구분할 수 있다. 그 외에도 정보 유용성과 공감성(이효숙, 2020), 관여도(이균우 · 표민찬, 2022), 호감도(김경인, 2023) 등 다양한 인플루언서의 정보원 특성이 제시되지만, 여기서는 매력도, 친숙도, 그리고 진정성을 중심으로 실존 인플루언서와 가상 인플루언서 지각의 공통점과 차이를 살펴보았다.

가상 인플루언서의 매력도

가상 인플루언서의 의인화를 통해 인간 특성이 발견돼 사회적 존재 대상이 될 수 있다면, 인간 특성 중 하나인 매력도가 발견돼 사회적 존재 대상이 될 수도 있다. 매력도가 가상 인플루언서를 사회적 존재 대상으로 지각하게 하는 하나의 요인이 될 수 있다는 것이다.

매력도는 친밀성, 유사성, 호감성에 의해 측정되기도 하며(Taylor & Baker, 1994) 각 요인을 구분해서 개별적으로 측정하기도 한다. 매력도는 외모적 특성으로 인한 신체적 매력과, 말솜씨와 매너 등으로 인한 사회적 매력으로 형성된다(Hakim, 2010). 이러한 매력 지각은 가상 인플루언서의 경우에는, 제작사에 의해 기획되고 부여된 매력을 지각하는 것이라 할 수 있다. 또한 어떤 콘텐츠를 통해 인플루언서를 지각하는가에 따라 달라질 수 있다. 예를 들어, 사회적 매력을 지각하는 것에는 지면 콘텐츠보다는 동영상 콘텐츠가 더 유용할 것이다. 사회적 매력은 말솜씨와 매너 등에서 비롯되기 때문이다.

조화 가설(match-up hypothesis)은 이러한 매력도의 역할을 설명한다. 대체적으로, 모델의 신체적 매력이 상품과 조화될 때 상품과 광고에 긍정적인 영향을 미치며, 반대로 상품과 모델의 매력이 조화를 이루지 못할 경우는 저평가된다는 것이다(Kahle & Homer, 1985). 가상 인플루언서의 매력도 또한 콘텐츠와 조화를 이룰 때 영향력이 커질 수 있다.

가상 인플루언서를 활용한 광고에서, 가상 인플루언

서의 매력도는 광고에 대한 태도에 영향을 미치며(이동환, 2024b) 브랜드 태도와 구매 의도에도 긍정적 영향을 미친다(이동아 외, 2021).

가상 인플루언서의 친숙도

우리는 종종 소설이나 신화, 동화, 만화 등 다양한 콘텐츠의 캐릭터에게서 친숙함을 느낀다. 세상에 실존하지 않는 캐릭터에게도 친숙함을 느낀다는 것이다. 친숙도는 다양한 대상에게 발생하는 감정이기 때문에 가능하다.

친숙도(familiarity)는 다수 연구에서 수용자에게 영향을 미치는 인플루언서의 특성으로 제시된다. 친숙도는 대상을 직간접적으로 체험한 정도를 말한다(Campbell & Keller 2003). 친숙도는 메시지의 정보원뿐만 아니라, 음악(Yalch & Spangenberg, 2000), 브랜드(이성호, 2004), 캐릭터(이형민 외, 2019) 등 다양한 대상에게 발생하는 감정으로 제시된다. 따라서 가상 인플루언서에 대한 친숙도 또한 개인적 체험 정도에 따라 측정 가능한 감정이라 할 수 있다. 또한 개인의 전체적인 가상 인플루언서에 대한 체험 정도가 특정 가상 인플루언서의 친숙도에 영향을 미칠 수 있다.

이러한 가상 인플루언서에 대한 친숙도는 가상 인플루언서 콘텐츠 태도에 긍정적 영향을 미친다. 가상 인플루언서를 활용한 광고에서, 가상 인플루언서 친숙도가 높은 집단이 낮은 집단보다 광고에 대해 우호적인 태도를 보인다(이동환, 2024a). 또한 가상 인플루언서 친숙도는 가상 인플루언서를 활용한 공익 캠페인 참여 의도에 영향을 미친다(이동환 외, 2023).

그러나 친숙도의 영향은 종종 다른 경향을 보일 수도 있다. 앞서 기술했듯이, 친숙도는 정보원의 잦은 노출로 인해 수용자가 친숙함을 느끼는 정도를 말한다. 가상 인플루언서 친숙도는 수용자가 가상 인플루언서에 대해 많이 알고 경험한 정도를 말한다. 그런데 광고에서는 친숙하지 않은 대상의 효과를 종종 보고한다. 이른바 적정 환기 이론(optimal arousal theory)은 친숙하지 않은 자극 요소의 효과를 설명한다. 적정 환기 이론에 의하면, 자극이 소비자의 적응 수준(adaptation level)에서 어느 정도 벗어날 때, 자극에 대한 관심과 선호도가 증가하는 효과가 나타난다(Berlyne, 1971). 소비자의 주의를 환기하려면 자극이 소비자의 적응 수준을 벗어날 필요가 있다는 것이다. 정보원 또한 자극 요소가 될 수 있다. 자극 요소로서 소비자의 적응 수준을 벗어나는 정보원은 친숙도가 낮은 정보원에 해당한다. 따라서 가상 인플루언서 친숙도가 어느 정도 낮을 경우, 오히려 정보원이나 콘텐츠에 대한 태도가 긍정적으로 나타날 수도 있다. 항상 정보원 친숙도가 높을수록 긍정적 결과를 유도한다면, 실존 인플루언서보다 친숙하지 않은 가상 인플루언서의 역할은 매우 제한적일 수밖에 없다. 관련 연구에 의하면, 광고 태도에 대한 가상 인플루언서 매력도의 영향력은 친숙도 지각이 낮은 집단에서 더 크게 나타났다(이동환, 2024b). 해당 연구는 수용자의 광고 태도에 대한 매력도와 친숙도의 상호 작용 효과를 알아본 것이다. 따라서 단순하게 친숙하지 않을수록 효과적이라는 내용은 아니지만, 가상 인플루언서 친숙도는 조성되는 조건에 따라 다른 결과를 유도한다는 것을 의미한다.

종종 광고 크리에이티브 영역에서는 더욱 적극적으로 친숙하지 않은 자극 요소, 이른바 노블티(novelty)를 추구한다. 노블티는 사전적으로 신기함, 참신함, 새로움 등을 의미한다. 새로운 대상을 경험할 때 과거와의 차이를 지각하면서 발생하는 심리 상태라 설명하기도 한다(Pearson, 1970). 광고에서 노블티는 창의적 광고의 기초이며(Ang et al., 2012), 경우에 따라 독창성 자체(이수진 외, 2010)를 의미하기도 한다.

한편 신경 생물학적으로는 수용자의 개인적 속성으로, 개인마다 노블티를 추구하는 정도가 다르다고 설명한다(Dabholkar & Bagozzi, 2002). 노블티는 포괄적 개념이라 연구자마다 재정의해 연구에 활용하지만, 가상 인플루언서 관련 연구에서는 호기심(염동섭, 2023)이나 감각 추구 성향(조은형 · 염동섭, 2023)과도 관련된 개념으로 이해할 수 있다. 이러한 연구에 따르면 가상 인플루언서는 새로우며 신기해 보일 수 있다는 면에서, 수용자의 노블티 지각을 유도할 수 있다. 또한 신경 생물학적으로는 노블티를 추구하는 수용자일수록 가상 인플루언서에 더 우호적일 것을 예상할 수 있다.

이러한 노블티는 가상 인플루언서를 매력적으로 지각하게 하는 요소가 될 수 있다. 그런데 새로움을 뜻하는 노블티는 사전적 의미 자체로 친숙함과는 대립하는 감정이다. 동시에 가상 인플루언서의 경우 노블티는 매력도와 같은 방향성을 예상할 수 있다. 가상 인플루언서의 신체적 매력은 어느 정도 노블티에서 나오는 매력이라 할 수 있다. 신기함, 새로움에서 나오는 가상의 매력이라는 것이다.

앞서 기술한 불쾌한 골짜기 이론에 의하면, 가상 인간의 인간 유사성(human likeness)은 친숙도에 영향을 미친다(Masahiro, 1970). 또한 지각된 인간다움(이진균, 2022)이나 의인화 수준(이지연 · 주은신, 2024)은 가상 인플루언서의 매력도에 영향을 미친다. 결국 가상 인플루언서가 얼마나 사람을 닮는가에 따라 영향력이 달라진다는 것이다. 이러한 연구 결과를 보면 가상 인플루언서가 친숙할수록 매력적이라 지각한다는 해석을 할 수도 있다. 그러나 그러한 해석은 초기 가상 인간 평가에 더 적합해 보인다. 근래 가상 인간의 제작 수준은 화면을 통해 볼 때 실제 인간과 구분이 어려울 정도로 정교해졌다. 이러한 상황에서의 친숙도는 인간과 비슷해서 매력도를 유발하는 수준이 아니라, 실제 인간인 줄 알았는데 알고 보니 가상 인간이었기 때문에 발생하는, 소위 '반전 매력'을 유도할 만한 인간다움이나 의인화 수준으로 받아들일 수 있다. 따라서 가상 인플루언서의 매력도는 선행 연구처럼 인간다움을 느끼는 수준의 친숙도에서 비롯될 수도 있지만, 인간을 초과하는 인간다움에서 오는 진기함이나 새로움, 즉 노블티 차원에서 발생할 수도 있다.

가상 인플루언서의 진정성

진정성과 유사한 개념인 정보원 신뢰도는 광고의 맥락

에서 광고 모델뿐 아니라 광고주나 매체에 대한 신뢰도를 포함하기도 한다(김병희 외, 2017). 광고주의 신뢰 관련 특성이나 광고에 활용되는 매체 유형에 따라 신뢰도 지각이 달라진다는 것이다. 매체 신뢰도(media credibility)의 예를 들자면, 지상파 방송 광고와 SNS 광고는 광고 매체 자체에서 신뢰도의 차이가 지각될 수 있다. 가상 인플루언서의 진정성 또한 누가 관리하며 어떠한 유형의 미디어를 통해 콘텐츠가 전달되는지 등에 따라 복합적으로 지각될 수 있다.

원론적으로, 실존 인플루언서와 가상 인플루언서에게서 느끼는 진정성은 정보원 자체에서 나타나는 본질적인 차이가 있다. 진정성은 정보원의 내면 상태와 행동의 일치를 의미하므로(Harter, 2002), 인공적으로 제작된 가상 인플루언서가 메시지에 진실할 것을 기대하긴 어렵기 때문이다. 이에 따라 가상 인플루언서의 진정성 개념에는 가상 인플루언서를 관리하는 에이전시의 진정성을 포함하는 것이 합리적으로 보인다(이동아 외, 2021). 이는 정보원 신뢰도 지각에 광고주의 특성이 포함되는 것과 유사하다. 가상 인플루언서에게서 진정성을 찾기는 어려우며(Audrezet et al., 2018), 대신 가상 인플루언서의 관리자가 가지고 있는 투명성, 전문성 등의 특성들이 진정성 측면의 논의에 필요하다는 것이다(Andersson & Sobek, 2020).

그에 따라 관리자 특성을 반영한 가상 인플루언서의 진정성 지각은 광고에 긍정적 영향을 미치는 것으로 나타났다. 가상 인플루언서를 활용한 광고에서, 가상 인플루언서의 진정성을 높게 지각한 집단이 낮게 지각한 집단보다 더 우호적인 광고 태도를 보였다(이동환, 2024b).

참고문헌

곽지혜 · 여은아(2021). 인플루언서 특성과 소비자 욕구충족성이 인플루언서 애착, 콘텐츠 몰입 및 구매의도에 미치는 영향. 《한국의류학회지》, 56-72쪽.

김경인(2023). 뷰티 인플루언서의 매력성이 인플루언서 신뢰 및 콘텐츠 몰입과 구매의도에 미치는 영향. 《미용예술경영연구》, 39-55쪽.

김병희 외(2017). 《100개의 키워드로 읽는 광고와 PR》. 한울엠플러스.

김춘호(2021). 패션/뷰티 SNS 마케팅이 구매의도에 미치는 영향: 신뢰의 매개효과 및 소비가치의 조절 효과. 협성대학교 박사학위논문.

김형석(2022). 가상 인간 인플루언서에 대한 Uncanny Valley 현상에 관한 연구. 《한국지식정보기술학회 논문지》, 743-754쪽.

염동섭(2023). 가상 인간 인플루언서 특성에 관한 척도개발 연구. 《광고PR실학연구》, 165-190쪽.

원종신(2023). 가상 인플루언서 디자인의 조형성 원리와 심미성이 소비자 태도에 미치는 영향.
《상품문화디자인학연구(KIPAD논문집)》, 11-24쪽.
이군우 · 표민찬(2022). 중국 라이브 커머스 인플루언서의 특징이 구매의도에 미치는 영향: 상하이 뷰티상품 시장을 중심으로. 《국제지역연구》, 173-196쪽.
이동아 외(2021). 가상 인플루언서 특성이 브랜드 태도와 구매의도에 미치는 영향. 《정보사회와 미디어》, 55-79쪽.
이동환 외(2023). 개인 특성과 가상 인간에 대한 감정 반응이 기후변화 광고태도와 캠페인 참여의도에 미치는 영향. 《광고PR실학연구》, 148-169쪽.
이동환(2024a). 디지털 기술 관여도와 가상 인플루언서 친숙도 그리고 수용자의 성이 가상 인플루언서 광고태도와 참여의도에 미치는 영향. 《한국소통학보》, 147-180쪽.
이동환(2024b).가상 인플루언서의 정보원 특성이 광고 지각 편향에 미치는 영향. 《정보사회와 미디어》, 75-105쪽.
이성호(2004). 광고의 변환: 반복 전략이 소비자 기억에 미치는 영향. 《광고연구》, 129-157쪽.
이수진 외(2010). 제작자의 의도에 따른 콘텐츠의 특성이 사용자의 몰입과 지각된 독창성에 미치는 영향: 동영상 UCC의 캐릭터와 내러티브를 중심으로. 《디자인학연구》, 53-68쪽.
이정교(2012). 《유명인 광고의 이해: 이론과 전략》. 한경사.
이지연 · 주은신(2024). 가상 인플루언서의 인지된 의인화가 광고태도에 미치는 영향: 매력성, 브랜드 애착, 준사회적 상호작용의 매개효과를 중심으로. 《광고PR실학연구》, 125-154쪽.
이진균(2022). 가상 인플루언서의 특성과 공신력이 소비자 반응에 미치는 영향: 지각된 인간다움의 조절효과를 중심으로. 《한국광고홍보학보》, 347 - 385쪽.
이형민 외(2019). 올림픽 캐릭터 친숙도, 게임 유희성 지각, 이벤트

인게이지먼트가 스폰서십 효과에 미치는 영향에 관한 다차원적 탐색연구: 2018 평창 동계올림픽 사례를 중심으로. 《한국광고홍보학보》, 67-105쪽.

이효숙(2020). 뷰티 인플루언서 특성이 소비자지식, 정보수용, 행동의도에 미치는 영향. 서경대학교 박사학위논문.

조단양 · 한광섭(2022). 가상 인플루언서의 특성이 구매 의도에 미치는 영향: 불쾌한 골짜기 이론을 중심으로. 《한국광고홍보학보》, 135-169쪽.

조은형 · 염동섭(2023). 소비자의 감각추구성향에 따른 가상 인플루언서의 특성과 광고태도 차이 검증. 《비즈니스융복합연구》, 105-110쪽.

황봄님(2019). 《인플루언서 마케팅 A to Z》. 라온북.

Andersson, V. & Sobek, T.(2020). Virtual avatars, virtual influencers, & authenticity: a qualitative study from a consumer perspective. *Master Thesis, Graduate School Marketing & Consumption*, University of Gothenburg.

Ang, S. H., et al.(2012). Necessary but not sufficient: Beyond novelty in advertising creativity. *Journal of Marketing Communications, 20*(3), pp.214-230.

Audrezet, A., et al.(2018). Building a travel influencer brand using Instagram tools. *Organizacijo Vadyba: Sisteminiai Tyrimai, 80*(1), pp.7-18.

Berlyne, D. E.(1971). *Aesthetics and Psychobiology.* New York: Meredith.

Campbell, M. C. & Keller, K. L.(2003). Brand familiarity and advertising repetition effect. *Journal of Consumer Research, 30*(2), pp.292-304.

Dabholkar, P. A. & Bagozzi, R. P.(2002). An attitudinal model of technology-based self-service: Moderating effectes of consumer traits and situational factors. *Journal of the Academy of Marketing Science, 30*(3), pp.184-201.

Darner, A. & Arvidsson, N.(2019). *Virtual influencers: Anonymous celebrities on social media.* Doctoral dissertation, Jonkoping University.

Erdogan, B. Z.(1999). Celebrity endorsement: A literature review. *Journal of Marketing Management, 15*(4), pp.93-105.

Friedman, H. & Friedman, L.(1979). Endorser effectiveness by product type. *Journal of Advertising Research, 19*(5), pp.63-71.

Hakim, C.(2010). Erotic capital. *European Sociological Review, 26*(5), pp.499-518.

Harter, S.(2002). Authenticity. In C. R. Snyder and Shane J. Lopez(Eds.), *Handbook of Positive Psychology.* Oxford, UK: Oxford University Press, pp.382-394.

Hovland, C. I., et al.(1953). *Communication and persuasion: Psychological studies of opinion change.* New Haven, CT: Yale Press.

Isaiah, J. P., et al.(2022). Influencer Marketing in the Digital age: The Response to Authentic Creator Content. *Millennium Journal of Humanities and Social Sciences, 3*(2), pp.15-28.

Kahle, L. R. & Homer, P. M.(1985). Physical attractiveness of the celebrity endorser: A social adaptation perspective. *Journal of Consumer Research, 11*(4), pp.954-961.

Masahiro, M.(1970). The uncanny valley. *Energy, 7*(4), pp.33-35.

McCracken, G.(1989). Who is the celebrity endorser? Cultural foundations of the endorsement process. *Journal of Consumer Research, 16*(3), pp.310-321.

McGuire, W.(1985). Attitudes and Attitude Change, in *The Handbook of Social Psychology*. NY: Random House.

Molin, V. & Nordgren, S.(2019). *Robot or human? The marketing phenomenon of virtual influencers: A case study about virtual influencers' parasocial interaction on Instagram*. Master's thesis, Uppsala University.

Munnukka, J., et al.(2022). Anthropomorphism and social presence in human – virtual service assistant interactions: The role of dialog length and attitudes. *Computers in Human Behavior*, 135, 107343.

Ohanian, R.(1990). Construction and validation of a scale to measure celebrity endorsers' perceived expertise, trustworthiness, and attractiveness. *Journal of Advertising, 19*(3), pp.39-52.

Pearson, P. H.(1970). Relationships between global and specified measures of novelty seeking. *Journal of Consulting and Clinical Psychology, 34*(2), pp.199-204.

Reeves, B. & Nass, C.(1996). *The media equation: How people treat computers, television, and new media like real people and places*. CA: Cambridge University Press.

Sutherland, M.(1993). Advertising and the mind of the consumer. St. Leonards; Allen & Unwin.

Taylor, S. A. & Baker, T. L.(1994). An aSNSeSNSment of the relationship between service quality and customer satisfaction in the formation of consumers' purchase intention. *Journal of retailing, 70*(2), pp.164-178

Tripp, C., et al.(1994). The effects of multiple product endorsements by celebrities on consumers' attitudes and intentions. *Journal of Consumer Research, 20*(4),

pp.535-547.
Yalch, R. F. & Spangenberg, E. R.(2000). The effects of music in a retail setting on real and perceived shopping times. *Journal of Business Research, 49*(2), pp.139-148.
Zajonc, R. B.(1968). The attitudinal effects of mere exposure. *Journal of Personality and Social Psychology, 9*(2), pp.1-27.

06
지각과 지각 편향

기본적으로 사람은 타인의 마음을 알 수 없다. 다만 자신과 비교하여 유추할 뿐이다. 이러한 유추에서 특정한 편향이 발생하는 것을 지각 편향이라 한다. 가상 인플루언서에 대해서도 자타 간 지각의 차이에서 비롯되는 지각 편향이 발생할 수 있다.

AI와 야구?

타인의 지각에 대한 지각

타인의 마음은 역사적으로 유구한 철학적 주제 중 하나다. 여기서 '마음'은 특정 연구 분야에서는 종종 잘게 나누고 쪼개는 모든 감정적 이성적 영역을 포괄한다. 기본적으로 우리는 타인의 마음을 알 수 없다. 다만 나와 유사할 것이라 유추할 뿐이다.

그에 대해 철학자 토머스 네이글(Thomas Nagel)은 이렇게 부연한다. 당신과 친구가 같은 초코우유를 마신다고 해서 친구가 당신과 같은 맛을 느낀다는 것을 어떻게 알 수 있는가? 당신이 만약 그의 머리를 열어서 뇌를 훑어 보아도 그가 느끼는 맛은 알 수 없다. 그뿐 아니라, 그는 초코우유를 마실 때 당신이 느끼는 바나나우유 맛을 느낄지도 모른다(Nagel, 1987). 네이글의 말대로 우리는 타인의 마음을 알 수 없다. 나아가, 타인의 마음이 존재하는지까지 의심하는 회의론에 이르기도 한다.

그러나 상반된 견해가 존재한다. 서양에서 타인의 마음을 불가지 영역으로 인식하는 것과는 대조적으로 동양에서는 자타불이(自他不二)를 내세운다. 나와 나 아닌 대상이 다르지 않다는 것이다. 천도교에서는 오심즉여심(吾心卽汝心), 즉 내 마음이 곧 네 마음과 같다고 한다. 이러한 개념은 결국 나와 타인의 마음이 다르다는 것을 인정하는 반증들이라 볼 수 있다. 그러나 동서양 각 문화권에서 타인의 마음을 이해하는 것은 전제부터 차이를 보인다. 서양은 타인의 마음이 그 구조나 성질, 심지어는 마음의 존재부터가 나의 마음과 전혀 다를 수 있다고 전제한다. 대조적으로 동양에서는 차이는 있을지언정 유사할 것이라 가정한다. 이심전심(以心傳心), 즉 마음으로써 마음을 전한다는 것은 타인의 마음이 나의 마음과 교통할 수 있을 만한 유사한 성질의 것이라는 가정이다. 서양 문화권이 동양 문화권보다 자타 간 마음의 차이를 더 크게 인식하는 경향을 볼 수 있다. 동서양의 견해차에 의하면 내 마음과 타인의 마음은 근본적으로 다르게 인식할 수도 있으며, 유사하게 인식할 수도 있다. 지각 편향(perceptual bias)은 이러한 자신과 타인 간 마음의 차이 인식에 관한 것이다.

지각 편향

지각 편향은 특정 사안에 대한 자신과 타인 간 지각의 차이를 주관적·편향적으로 평가하는 것을 말한다(Gunther & Thorson, 1992). 그리고 그러한 지각 편향의 결과를 제3자 효과(third-person effect), 혹은 제1자 효과(first-person effect)라 한다.

사람들은 자신과 타인 간 지각의 차이를 평가할 때 타인보다 자신의 의견이 더 우월하다고 보는 경향이 있는데(Krizan & Suls, 2008), 이런 편향성을 평균 이상 효과라 한다. 지각 편향에서 자신의 의견에 대해 지각하는 우월감을 환영적 우월감(Hoorens, 1995), 혹은 우월성 편향(Hornsey, 2003)이라고도 한다. 메시지 지각에 대해서, 이렇게 자신의 견해가 다른 사람들의 평균 이상으로 우월하다고 평가하려는 경향은 자기 고양(self-enhancement)이라는 개념으로 설명된다(Andsager & White, 2007). 메시지를 지각할 때 자기 고양의 방향으로 지각 편향이 발생한다는 것이다. 예를 들어, 부정적 메시지의 영향력은 자신보다 타인들에게 더 클 것이라 평가하며, 긍정적인 메시지의 영향력은 자신이 타인들보다 더 크게 지각한다고 평가하는 편향이 발생한다(Gunther & Thorson, 1992). 부정적 메시지의 경우, 자신은 메시지의 부정적인 의도를 알기 때문에 메시지의 영향을 받지 않지만, 타인들은 메시지의 의도를 제대로 파악하지 못하기 때문에 자신보다 많은 영향을 받는다고 생각한다(Perloff, 1989). 긍정적이고 바람직한 메시지의 경우 또한 자신이 타인보다 더 긍정적 의도를 잘 파악하기 때문에 본인이 타인보다 많은 영향을 받는다고 생각한다. 이러한 자기중심적 편견(self-serving bias)에 의해 개인적 우월감이 발생하며 자기 고양의 방향으로 지각하게 된다는 것이다. 이러한 지각 편향을 미디어 효과 이론에서는 제3자 효과, 혹은 제1자 효과로 구분한다. 제1자 효과는 제3자 효과의 반대 경향을 보이기 때문에 역제3자 효과라고도 한다.

제3자 효과는 특정 메시지가 본인보다 타인, 즉 제3자에게 더 큰 영향력을 미칠 것이라 편향적으로 지각하는 것을 의미한다(Davison, 1983). 이러한 지각 편향은 포르노그래피(Gunther, 1995)나 부정적 정치 광고(Cohen & Davis, 1991), 반사회적인 랩 음악(Eveland et al., 1999), TV 뉴스를 통한 명예 훼손(Salwen, 1998) 등 주로 부정적이거나 바람직하지 않은 메시지에서 발생하는 효과로 보고된다.

제3자 효과와는 대조적으로 제1자 효과는 긍정적이며 바람직한 메시지에서 나타나는 지각 편향을 말한다. 제1자 효과는 특정 메시지가 타인보다 본인에게 더 큰 영향력을 미칠 것이라 편향적으로 지각하는 것을 의미한다(Duck et al., 1995). 이런 지각 편향은 에이즈 예방 메시지(Duck et al., 1995), 음주 운전 예방(Duck & Mullin, 1995), 기부 캠페인(조윤용 외, 2017) 등 주로 긍정적이며 바람직한 메시지에서 발생한다. 자기 고양의 방향으로 지각 편향이 발생한다는 설명과는 달리, 제1자 효과의 발생은 종종 편향된 낙관주의로 설명되기도 한다. 바람직한 메시지가 본인 미래에 더 긍정적으로 작용할 것이라 생각하는 편향이 발생한다는 것이다(Gunther & Mundy, 1993).

지각 편향의 발생 요인

다양한 지각 편향 관련 연구는 지각 편향의 발생이 단순히 긍정적 혹은 부정적 메시지 지각에 국한되는 것이 아니라 보다 다양한 요인으로 인해 발생한다고 제시한다.

메시지는 단순히 긍정적 혹은 부정적 특성으로 구분할 수 없는 경우가 흔하다. 젠더, 에너지, 종교, 정치 등 수많은 사회적 이슈가 긍정과 부정만으로 양분하기 모호한 경향이 있다. 그런 경우 메시지의 긍정적 특성보다는 수용자의 기존 신념이나 태도가 지각 편향의 중요한 변수가 된다. 사람들은 대체로 특정 동기가 발생하지 않는 한, 기존의 신념이나 태도를 고수하려는 경향이 있다. 따라서 자신의 기존 신념이나 태도와 일치하지 않는 메시지를 접할 경우, 자신에 대한 메시지의 영향력은 매우 낮게 평가하는 반면, 타인들에게는 큰 영향을 미칠 것이라고 지각한다. 예를 들어, 자신이 지지하는 후보에 대한 부정적인 정치 광고를 본 사람들은 자신보다 타인이 그 광고의 영향을 더 많이 받을 것이라 평가한다. 반대로, 지지하지 않는 후보에 대한 부정적인 정치 광고에 대해서는 타인보다 자신이 더 큰 영향을 받는다(Cohen & Davis, 1991). 결국, 지각 편향은 메시지 자체의 특성뿐만 아니라 기존 신념이나 태도 등 다양한 수용자의 특성으로 인해 발생한다는 것이다.

지각 편향은 수용자의 특성 중 사회적 거리감이 멀수록 더 크게 나타난다. 사회적 거리는 지리적 · 물리적 거리뿐 아니라 자신과의 유사성, 친밀성, 동일시 등 심리적 거리를 포괄한다. 다시 말해, 자신과 물리적 · 심리적인 사회적 거리가 멀다고 느끼는 타인일수록 메시지 지각의 차이가 크다고 평가한다(Brosius & Engel, 1996; Cohen et al., 1988; Meirick, 2004).

이슈 관여도가 지각 편향에 영향을 미치기도 한다(Turner, 1982). 이슈 관여도는 특정 이슈가 자신과 관련 있다고 생각하는 정도를 말한다. 메시지가 본인과 관련이 없다고 생각할수록 제3자 효과가 나타난다(Duck & Mullin, 1995). 관여도를 중심으로 볼 때는, 메시지 지각의 전제와는 달리 긍정적 메시지에도 제3자 효과가 나타나기도 한다. 예를 들어, 긍정적 메시지로 구분될 수 있는 비만 예방 광고에서 제3자 효과가 발생했다(이수범 · 김동우, 2009). 연구자들은 이러한 결과에 대해, 평균적으로 본인보다는 타인에게 비만 예방이 더 필요할 것이라 인식했기 때문이라 해석했다. 더불어 긍정적 메시지인 비만 예방 또한 부정적 연상을 내포하기 때문에 나타난 결과로 해석했다. 비만 예방 메시지는 그 자체로 비만을 연상하게 한다. 그리고 긍정적 메시지라 할지라도 광고의 질적 수준에 따라 지각 편향이 발생한다.

이 밖에 수용자의 나이가 지각 편향에 영향을 미치기도 한다. 사람들은 타인의 나이가 어릴수록 인터넷 악성 댓글의 영향을 더 크게 받을 것이라 평가한다(유홍식, 2010). 그 외에 이슈에 대한 지식과 경험(김인숙, 2009), 성별(정재민, 2007) 등 다양한 메시지 특성이나 수용자 특성이 지각 편향에 영향을 미친다. 이는 단순히 메시지 내용이 부정적인지 혹은 긍정적인지의 문제뿐 아니라, 다양한 메시지와 수용자 특성 및 상황적 요인이 지각 편향에 영향을 미칠 것을 시사한다. 가상 인플루언서에 대한 지각 편향 또한 가상 인플루언서를 활용한 메시지뿐만 아니라, 가상 인플루언서라는 정보원 자체의 특성이나 콘텐츠 수용자의 특성 등 다양한 요인이 영향을 미칠 수 있다.

지각 편향은 미디어 효과 연구에서 메시지에 대한 것으로 제안되고(Davison, 1983), 주로 메시지 지각과 관련된 연구가 이루어져 왔다(Perloff, 2002). 그러나 이 책에서는 개념을 확장해 다양한 대상에 대해 일반적으로 발생할 수 있는 것으로 가정한다. 그것은 미디어 효과 연구 이전부터 유구한 철학적 질문이었던 '타인의 마음' 차원의 지각 편향이라 볼 수 있다. 예컨대, "당신과 그가 같은 초코우유를 마신다고 해서 그가 당신과 같은 맛을 느낀다는 것을 어떻게 알 수 있는가?"라는 네이글의 질문(Nagel, 1987)은, 초코우유 맛에서조차 지각 편향이 발생한다는 것으로 이해할 수 있다. 그에 따르면, 당연히 가상 인플루언서에게서도 지각 편향은 발생한다.

참고문헌

김인숙(2009). 다이어트 광고에 대한 제3자 효과. 《지역발전연구》, 159-178쪽.

유홍식(2010). 악성 댓글에 대한 제3자 효과 연구. 《한국방송학보》, 238-278쪽.

이수범 · 김동우(2009). 건강 관련 메시지에 대한 제3자 효과 연구. 《홍보학연구》, 5-37쪽.

정재민(2007). 대부업 광고에 대한 제3자 효과 연구. 《한국언론학보》. 111-134쪽.

조윤용 외(2017). 기부 캠페인의 제3자 효과: 여론 지각과 미디어 이용량이 미치는 영향. 《PR연구》, 1-26쪽.

Andsager, J. L. & White, H. A.(2007). *Self versus others: Media, messages, and the third-person effect.* Mahwah, NJ: Lawrence Erlbaum Association.

Brosius, H. & Engel, D.(1996). The case of third-person effects: Unrealistic optimism, impersonal impact, or generalized negative attitudes towards media influence?. *International Journal of Public Opinion Research, 8*(2), pp.142-162.

Cohen, J. & Davis, R. G.(1991). Third-person effects and the differential impact in negative political advertising. *Journalism Quarterly, 68*(4), pp.680-688.

Cohen, J., et al.(1988). Perceived impact of defamation: An experiment on third-person effect. *Public Opinion Quarterly, 52*(2), pp.161-173.

Davison, W. P.(1983). The third-person effect in communication. *Public Opinion Quarterly, 47*(1), pp.1-15.

Duck, J. M. & Mullin, B.(1995). The perceived impact of the mass media: Reconsidering the third person effect. *European Journal of Social Psychology, 25*(1), pp.77-93.

Duck, J. M., et al.(1995). The perceived influence of AIDS advertising: Third-person effects in the context of positive media content. *Basic & Applied Social Psychology, 17*(3), pp.305-325.

Eveland, W. P., et al.(1999). Rethinking the social distance corollary: Perceived likelihood of exposure and the third-person perception. *Communication Research, 26*(3), pp.275-302.

Gunther, A. C. & Mundy, P.(1993). Biased optimism and the

third-person effect. *Journalism Quarterly, 70*(1), pp.58-67.
Gunther, A. C. & Thorson, E.(1992). Perceived persuasive effects of product commercials and public service announcements: Third person effects in new domains. *Communication Research, 19*(5), pp.574-595.
Gunther, A. C.(1995). Overrating the X-rating: The third-person perception and support for censorship of pornography. *Journal of Communication, 45*(1), pp.27-38.
Hoorens, V.(1995). Self-favoring biases, self-presentation, and the selfother asymmetry in social comparison. *Journal of Personality, 63*(4), pp.793-817.
Hornsey, M. J.(2003). Linking superiority bias in the interpersonal and intergroup domains. *Journal of Social Psychology, 143*(4), pp.479-491.
Krizan, Z. & Suls, J.(2008). Losing sight of oneself in the above-average effect: When egocentrism, focalism, and group diffuseness collide. *Journal of Experimental Social Psychology, 44*(4), 929-942.
Meirick, P. C.(2004). Topic-Relevant reference groups and dimensions of distance political advertising and first-and third-person effects. *Communication Research, 31*(2), pp.234-255.
Nagel, T.(1987). *What does it all mean?.* Oxford University Press. 김형철 옮김(1989). 《이 모든 것의 철학적 의미는》. 서광사.
Perloff, R. M.(1989). Ego-involvement and the third person effect of televised news coverage. *Communication Research*, 16, pp.236-262.
Perloff, R. M.(2002). The Third-Person Effect. In J. Bryant & D. Zillman(Eds.), *Media Effect: Advances in theory*

research(pp.489-506). Mahwah, NJ: Lawrence Erlbaum associates.

Salwen, M. B.(1998). Perceptions of media influence and support for censorship: The third-person effect in the 1996 presidential election. *Communication Research, 25*(3), pp.259-285.

Turner, J. C.(1982). Towards a cognitive redefinition of the social group. In Tajfel, H.(Ed.), *Social identity and intergroup relations.* Cambridge, UK: Cambridge University Press.

07
가상 인플루언서와 콘텐츠 지각 편향

가상 인플루언서에 대한 인식은 자신과 타인의 지각 차이에 따라 편향되게 형성될 수 있다. 가상 인플루언서에 대한 지각 편향은 의인화 수준에 따라 발생하며, 가상 존재라는 특성으로 인해 발생하기도 한다. 그리고 이렇게 발생한 가상 인플루언서 지각 편향은 가상 인플루언서 콘텐츠에 대한 지각 편향에도 영향을 미친다.

AI와 윤동주?

가상 인플루언서 지각 편향

지각 편향의 발생은 대상에 대한 본인의 지각을 그 출발로 한다. 이어서, 동일한 대상에 대한 타인의 지각과 비교 평가를 하는 과정을 거친다. 따라서 앞서 살펴보았던 가상 인플루언서의 의인화 수준이 가상 인플루언서 지각의 핵심 요인이라면, 동시에 지각 편향의 핵심 요인일 수 있다.

앞서 불쾌한 골짜기 이론(uncanny valley theory)의 인간 유사성(human likeness)과 유사한 개념인 가상 인플루언서의 의인화 수준이, 가상 인플루언서 지각에도 핵심 요인 중 하나로 기능하는 것을 살펴보았다. 관련 연구는 가상 인플루언서의 의인화 수준이 가상 인플루언서의 매력도(이지연 · 주은신, 2024)나 친숙도와 신뢰(원종신, 2023)에 영향을 미친다고 보고한다. 의인화 수준이 가상 인플루언서 지각의 핵심 변인이라면, 동시에 가상 인플루언서 지각 편향의 핵심 변인일 수 있다. 지각은 지각 편향에 선행하기 때문이다.

관련 기술 발전에 따라 가상 인플루언서의 의인화 수준은 더욱 정교해지고 있다. 의인화 수준의 영향력 관련 연구에 의하면, 가상 인플루언서에 대한 지각이 더욱 긍정적으로 변화할 수 있는 환경이 자연스럽게 조성되는 것이다. 그에 따라 수용자들 전체의 가상 인플루언서에 대한 매력도, 친숙도 그리고 진정성 지각은 평균적으로 상승할 것이라 볼 수 있다. 그러나 그러한 과정에서 각 정보원 특성에 대한 지각 편향 또한 더 커질 것으로 예상할 수 있다. 다시 말해, 전체적으로 가상 인플루언서가 정교해질수록 가상 인플루언서에 대한 타인과 자신의 지각 차이가 더 크게 나타날 수 있다는 것이다.

먼저, 가상 인플루언서의 의인화 수준에 대한 지각 편향이 발생할 수 있다. 의인화 수준에 대한 평가는 획일적이기보다는 수용자 간 차이를 나타낼 수밖에 없다. 결국, 가상 인플루언서가 얼마나 인간과 닮았는지 평가할 때 유의한 지각 편향이 발생할 수 있다는 것이다. 두 번째, 실존하지 않는다는 가상 인플루언서의 태생적 특성으로 인해 발생하는 지각 편향이다. 개인에 따라 가상 인플루언서의 의인화 수준이 아무리 정교해지더라도, 기본적으로 가상 존재이기 때문에 매력도나 친숙도 등을 인정하지 않을 수 있다. 그럴 경우, 오히려 타인이 가상 인플루언서에 긍정적 지각을 한다고 느낄수록 본인의 지각과 큰 차이를 보일 수밖에 없다.

지각 편향의 방향은 앞 장에서 기술한 개인의 우월감 혹은 자기 고양(self-enhancement)의 설명을 참고할 수 있다. 지각 편향은 타인보다 본인의 지각이 더 우월하다고 생각되는 방향(Krizan & Suls, 2008), 그리고 자기 고양의 방향으로 발생한다는 것인데(Andsager & White, 2007) 가상 인플루언서에 대한 지각 편향 또한 그런 편향성을 예상할 수 있다는 것이다. 우월감이나 자기 고양 측면에서 보자면, 새로운 정보원 유형인 가상 인플루언서에 대해 제3자 효과(third-person effect)가 발생할 것이라 예상할 수 있다. 실존 여부조차 불분명한 가상 인플루언서에 대해서 본인보다 타인이 더 영향을 받을 것이라 평가하는 것이 개인적 우월감을 고양하는 방향과 일치하기 때문이다. 그에 따라 가설을 설정해 검증한 결과, 가상 인플루언서의 매력도와 친숙도에 대해 제3자 효과가 발생했다(이동환, 2024b). 다시 말해, 가상 인플루언서에 대해 본인보다 타인이 더 매력적이며 친숙하게 지각할 것이라고 평가했다는 것이다. 해당 연구는 공익 캠페인에 출연한 가상 인플루언서 로지에 대한 20대 학생들의 지각 편향을 분석한 결과다.

가상 인플루언서 콘텐츠 지각 편향

가상 인플루언서에 대한 지각은 가상 인플루언서를 활용한 콘텐츠에 대한 지각에도 영향을 미친다. 당연한 추론이지만, 가상 인플루언서에 대한 인식이 긍정적일수록 해당 가상 인플루언서가 등장하는 콘텐츠에 대해서도 긍정적인 태도를 나타낸다는 것이다. 특정 유명인에 대한 인식이 긍정적이면 그가 등장하는 콘텐츠에 대해서도 긍정적인 태도를 보이는 것과 유사하다.

이런 가상 인플루언서 지각이 가상 인플루언서 콘텐츠 지각에 영향을 미치는 과정에서, 지각 편향이 발생할 수 있다. 가상 인플루언서 콘텐츠에 대한 자타 간 지각의 차이를 편향적으로 평가한다는 것이다. 이러한 지각 편향의 양상은 기존 메시지 특성에 따른 지각 편향의 연구 결과를 토대로 예상할 수 있다. 기존 연구에 의하면, 부정적 메시지의 영향력은 자신보다 타인들에게 더 클 것이라 평가하며, 긍정적 메시지의 영향력은 자신이 타인들보다 더 크게 지각한다는 편향이 발생한다(Gunther & Thorson, 1992). 부정적 메시지의 경우 제3자 효과가, 긍정적 메시지의 경우 제1자 효과(first-person effect)가 나타나는 것이다.

관련 연구로, 가상 인플루언서 로지를 활용한 기후 캠페인에 대한 지각 편향을 검증한 결과 제1자 효과가 발생했다(이동환, 2024a). 기후 캠페인은 긍정적이며 바람직한 내용의 메시지라 할 수 있다. 따라서 가상 인플루언서 콘텐츠의 영향력에 대해 타인보다 본인이 더 크게 지각한 결과로 볼 수 있다.

추가로 집단을 구분해 검증한 결과, 가상 인플루언서 지각은 가상 인플루언서 콘텐츠 지각 편향에 영향을 미치는 것으로 나타났다. 콘텐츠 지각 편향에는 가상 인플루언서의 매력도와 진정성 지각이 영향을 미치는 것으로 나타났다. 가상 인플루언서의 매력도와 진정성 지각이 높은 집단은 기후 캠페인에 대해 제1자 효과를 나타냈으며, 낮게 지각한 집단은 제3자 효과를 나타냈다. 다시 말해, 가상 인플루언서의 매력도와 진정성을 높게 지각한 집단은 가상 인플루언서 콘텐츠가 타인보다 본인에게 더 영향력 있을 것이라 평가했으며, 낮게 지각한 집단은 가상 인플루언서 콘텐츠가 본인보다 타인에게 더 영향력이 있을 것이라고 평가해 지각 편향의 방향까지 뚜렷하게 구분되었다는 것이다. 나아가, 가상 인플루언서의 매력도와 친숙도 그리고 진정성 간의 3원 상호 작용이 나타났다. 세 가지 정보원 특성이 서로 작용해 가상 인플루언서 콘텐츠 지각 편향에 영향을 미쳤다는 것이다.

해당 연구는 20대의 명랑한 성격이 부여된 가상 인플루언서 로지에 대한, 동세대인 20대 학생들의 지각을 분석한 것이다. 설문 참여자가 20대에 한정되었으며 단 한 명의 가상 인플루언서를 분석한 결과이므로, 연구 결과의 일반화에는 한계가 있으나 제한적 범위 내에서 가상 인플루언서 콘텐츠 지각 편향에 대한 단서를 제공한다.

참고문헌

원종신(2023). 가상 인플루언서 디자인의 조형성 원리와 심미성이 소비자 태도에 미치는 영향. 《상품문화디자인학연구(KIPAD논문집)》, 11-24쪽.

이동환(2024a). 가상 인플루언서의 정보원 특성이 광고 지각 편향에 미치는 영향. 《정보사회와 미디어》, 75-105쪽.

이동환(2024b). 메시지 특성, 모델 특성, 수용자 특성이 공익 캠페인과 가상 인플루언서 지각 편향에 미치는 영향: 제1자 효과, 제3자 효과를 중심으로. 《미디어 경제와 문화》, 51-93쪽.

이지연 · 주은신(2024). 가상 인플루언서의 인지된 의인화가 광고태도에 미치는 영향: 매력성, 브랜드 애착, 준사회적 상호작용의 매개효과를 중심으로. 《광고PR실학연구》, 125-154쪽.

Andsager, J. L. & White, H. A.(2007). *Self versus others: Media, messages, and the third-person effect.* Mahwah, NJ: Lawrence Erlbaum Association.

Gunther, A. C. & Thorson, E.(1992). Perceived persuasive effects of product commercials and public service announcements: Third person effects in new domains. *Communication Research, 19*(5), pp.574-595.

Krizan, Z. & Suls, J.(2008). Losing sight of oneself in the

above–average effect: When egocentrism, focalism, and group diffuseness collide. *Journal of Experimental Social Psychology, 44*(4), pp.929–942.

08
메시지 특성과 가상 인플루언서 영향력 지각 편향

메시지의 특성은 가상 인플루언서의 영향력 지각 편향에 영향을 미친다. 가상 인플루언서가 긍정적인 메시지를 전달할 경우, 가상 인플루언서의 영향력에 대해 제1자 효과가 발생한다. 이는 가상 인플루언서의 긍정적인 영향력을 자신이 타인보다 더 크게 지각한다고 평가한 결과다.

AI와 한의학?

메시지 특성과 정보원 영향력 지각

가상 인플루언서의 장점 중 하나로 사생활 문제가 없다는 점이 제시되는 것은, 정보원의 이미지 관리가 상대적으로 수월하다는 것을 의미한다. 보통 광고에서는 긍정적 이미지의 유명인을 모델로 기용하려 노력한다. 반대로, 광고 모델에게 음주 운전, 마약 등으로 인해 부정적 이미지가 발생할 경우, 해당 광고를 중단하거나 모델을 교체하기도 한다.

보통 정보원 이미지는 메시지 지각에 영향을 미치기 때문이다. 나아가, 정보원 이미지는 메시지 지각 편향에도 영향을 미친다. 정보원의 이미지가 광고에 미치는 영향력에 대해 본인과 타인 간의 지각 차이를 나타낸다는 것이다(이병관 외, 2004). 이렇게 정보원이 메시지 인식에 영향을 미치는 것과는 반대로, 메시지 특성이 정보원 인식에 영향을 미치기도 한다.

부정적 메시지는 그 메시지를 전달하는 정보원 인식에도 부정적인 영향을 미치며, 반대로 긍정적 메시지는 정보원 인식에 긍정적 영향을 미칠 수 있다. 과거, 피겨스케이팅 김연아 선수의 맥주 광고 출연은 사회적으로 큰 논란이 되었다. 김연아 선수는 2010년 밴쿠버 동계올림픽에서 사상 최고점을 받으며 피겨 부문에서 금메

달을 딴 뒤로 다양한 광고에 출연했다. 그러다가 하이트 맥주 광고에 출연하면서 본격적인 비판의 소리가 나오기 시작했다. 한국중독정신의학회는 김연아의 맥주 광고 출연에 우려를 표명하며 자진 철회 및 대중 광고 중지를 촉구하는 성명을 발표했다. 학회는 청소년부터 장년에 이르기까지 두루 사랑받는 김연아가 맥주 광고에 출연하므로 청소년 음주 문화를 조장하는 결과를 초래할 수 있다고 지적했다(심재율, 2012).

그러한 논란 속에 김연아는 술 광고를 하지 말라는 협박까지 받기도 했다. 맥주 광고를 중단하라며 김연아를 상습적으로 협박한 30대 남성이 징역 8개월에 집행 유예 2년을 선고받았다. 그는 한 달 사이에 협박성 메일을 47회에 걸쳐 보냈다(김승모, 2013). 논란에 대해 해당 맥주 회사에서는, 국민 전체의 여론이 아니라 일부의 의견인 만큼 상황을 지켜보겠다고 입장을 밝혔다. 이 맥주 회사의 입장은 《어린이동아》의 기사에 실렸다(김은정, 2012).

해당 이슈는 어린이 신문까지 취급할 정도로 논란이 되었던 것을 알 수 있다. 동시에 이슈에 대한 지각 차이가 나타난다. 협박으로 형을 받은 수용자와 해당 맥주 회사의 이슈에 대한 태도는 대조적이다. 맥주 광고 출연에 비판적인 수용자는 맥주 광고를 부정적 메시지로 인식한 것이다. 그에 따라 정보원인 모델에 대한 인식에도 부정적 영향을 미친 것으로 볼 수 있다.

이런 경향은 과거 대부업 광고에서도 잘 나타난다. 대부업 광고 관련 설문에서, 대부업 광고에 출연한 연예인의 이미지에 대해 65.5%가 부정적으로 변했다고 답했으며, 긍정적으로 변했다는 응답은 12.6%에 그쳤다. 또한 대부업 광고에 출연했던 연예인 김하늘의 광고 중단에 대해서는 90%가 찬성 의견을 밝혔다. 79%가 다른 연예인들도 대부업 광고 출연을 중지해야 한다고 응답했다(강종훈, 2007). 이러한 이슈에 대한 논란의 수용자 간 지각의 차이는 지각 편향의 발생을 암시한다.

메시지 특성과 정보원 영향력 지각 편향

앞서 김연아가 맥주 광고에 출연하므로 청소년 음주 문화를 조장하는 결과를 초래할 수 있다는 한국중독정신의학회의 지적은, 그 자체로 제3자 효과의 설명이라 할 수 있다. 자신보다 타인, 즉 청소년들이 광고에 출연한 김연아의 영향력을 더 크게 지각할 것이라 평가한다. 맥주 광고는 청소년들에게 부정적 메시지가 될 수 있다.

부정적 메시지 특성은 정보원의 영향력 지각 편향에

영향을 미칠 수 있다. 관련 연구에서 부정적 메시지라 할 수 있는 주류 광고의 정보원 영향력에 대한 제3자 효과가 나타났다. 여성보다는 남성에게서, 음주에 대한 태도가 부정적이며 음주량이 적을수록 광고 모델의 영향력에 대한 제3자 효과가 크게 나타났다(김인숙, 2013). 해당 연구에서 수용자의 성이 모델에 대한 지각 편향에 영향을 미치는 것에 대해서는, 남성이 여성보다 개인적 우월감이 높은 것으로 해석했다. 남성이 개인적 우월감으로 인해 본인이 타인보다 모델의 영향력을 덜 받는다는 지각 편향을 더 나타낸다는 것이다. 이런 연구 결과는 모델에 대한 지각의 차이를 평가할 때도, 본인의 의견이 타인들보다 더 우월하다고 생각한다는 기본적인 지각 편향의 발생 설명(Krizan & Suls, 2008)에 부합하는 방식으로 평가한다고 할 수 있다. 다시 말해, 메시지를 지각할 때 자기 고양 방향으로 지각 편향이 발생한 것과 같이 (Andsager & White, 2007), 정보원의 영향력을 지각할 때도 자기 고양의 방향으로 지각 편향이 발생한다는 것이다. 그런 견해는 가상 인플루언서의 영향력 지각 편향을 이해하는 데 단서를 제공할 수 있다.

메시지 특성과 가상 인플루언서 영향력 지각 편향

메시지 특성이 정보원의 영향력 지각 편향에 영향을 미친다면, 정보원의 역할을 하는 가상 인플루언서의 영향력 지각 편향에도 영향을 미칠 것이라 가정하는 것이 논리적으로 타당하다. 결과적으로, 특성이 두드러지는 메시지는 종종 가상 인플루언서 영향력 지각 편향에 영향을 미친다.

앞서 메시지 특성에 대한 영향력 지각 편향에 이어, 메시지 특성에 대한 정보원 영향력 지각 편향을 알아보았다. 보통, 부정적 메시지의 영향력은 자신보다 타인들에게 더 크게, 긍정적인 메시지의 영향력은 자신이 타인들보다 더 크게 지각하는 편향이 발생한다(Gunther & Thorson, 1992). 유사하게 정보원 영향력 지각 편향 또한 부정적 메시지에 등장하는 정보원의 영향력은 자신보다 타인들에게 더 크게, 긍정적인 메시지에 등장하는 정보원의 영향력은 자신이 타인들보다 더 크게 지각하는 편향이 발생했다(김인숙, 2013). 메시지나 정보원 영향력 지각 편향은 모두 우월감, 혹은 자기 고양의 개념으로 해석 가능했다.

메시지 특성이 정보원 영향력 지각 편향에 영향을 미

친다면, 정보원의 한 유형인 가상 인플루언서의 영향력 지각 편향에도 영향을 미칠 것이라 가정하는 것이 논리적으로 타당하다. 가상 인플루언서는 정보원의 특성과 역할을 공유하기 때문이다. 가상 인플루언서는 여느 정보원처럼 보증인, 대변인, 배우 등의 역할을 하며, 때로는 유명인 못지않은 인기를 얻기도 한다.

실제로 가상 인플루언서에게도 실존 정보원과 유사한 지각 편향 경향이 검증되기도 한다. 메시지의 특성이 가상 인플루언서의 영향력 지각 편향에도 영향을 미치는 것이다. 관련 연구에서 긍정적 메시지라 할 수 있는 공익 캠페인의 참여 의도에 대해 제1자 효과(first-person effect)가 나타났다(이동환, 2024). 해당 연구에는 가상 인플루언서의 영향력 지각 편향을 알아보기 위해 가상 인플루언서 로지가 출연한 기후 관련 공익 광고가 사용되었다. 지구를 위해 일회용 빨대 사용을 거절한다는 "괜찮아요 챌린지"에 참여할 것을 가상 인플루언서 로지가 독려하는 내용이다. 메시지에는 가상 인플루언서 로지도 참여한다는 내용이 포함되어 있다. 그런 독려에 대한 본인의 참여 의도가 타인보다 높을 것이라 평가한 것이다. 이는 캠페인에 출연한 가상 인플루언서의 영향력을 본인이 타인보다 더 크게 지각한다고 평가한 결과라 볼 수 있다. 메시지가 가진 긍정적이며 바람직한 특성 자체에서 지각 편향이 발생한 것도 있겠지만, 광고 전면에 내세운 로지의 권유도 영향을 미쳤을 것이라 보는 것이 타당하다.

참고문헌

강종훈(2007.6.10). '비호감' 비난에도 '사채'광고하는 연예인들… 왜?, 《한겨레》, https://www.hani.co.kr/arti/society/society_general/214882.html

김승모(2013.4.24). '김연아 술 광고 하지마' 협박 30대 결국. 《법률신문》, https://www.lawtimes.co.kr/news/74456

김은정(2012.5.11). [뉴스 쏙 시사 쑥]김연아 맥주 광고 논란. 《어린이동아》, https://kids.donga.com/news/articleView.html?idxno=113105

김인숙(2013). 주류 광고 모델에 대한 제3자 효과가 규제 태도에 미치는 영향에 대한 연구. 《홍보학연구》, 5-36쪽.

심재율(2012.5.7). 김연아 맥주 광고 도마위에 올라. 《우먼타임스》, https://www.womentimes.co.kr/news/articleView.html?idxno=1119

이동환(2024). 메시지 특성, 모델 특성, 수용자 특성이 공익 캠페인과 가상 인플루언서 지각 편향에 미치는 영향: 제1자 효과, 제3자 효과를 중심으로. 《미디어 경제와 문화》, 51-93쪽.

이병관 외(2004). 광고에서 유명인 모델의 부정적 정보와 제3자 효과 - 유명인 모델 광고의 부정적 효과에 대한 광고주의 지각을 중심으로. 《광고연구》, 147-169쪽.

Andsager, J. L. & White, H. A.(2007). *Self versus others: Media, messages, and the third-person effect.* Mahwah, NJ: Lawrence Erlbaum Association.

Gunther, A. C. & Thorson, E.(1992). Perceived persuasive effects of product commercials and public service announcements: Third person effects in new domains. *Communication Research, 19*(5), pp.574-595.

Krizan, Z. & Suls, J.(2008). Losing sight of oneself in the above-average effect: When egocentrism, focalism, and group diffuseness collide. *Journal of Experimental Social Psychology, 44*(4), pp.929-942.

09
수용자 특성과 가상 인플루언서 콘텐츠 지각 편향

가상 인플루언서 콘텐츠에 대한 지각 편향은 수용자 모두에게 획일적인 방향으로 발생하지는 않는다. 메시지 특성뿐 아니라 수용자의 특성이나 다양한 상황적 요인이 가상 인플루언서 콘텐츠 지각 편향에 영향을 미친다. 지각 편향에서 수용자 특성은 중요한 요인이다. 지각 편향의 주체가 수용자이기 때문이다.

AI와 화장품?

수용자 특성과 가상 인플루언서 콘텐츠 지각 편향

미디어 영역에서 지각 편향은 메시지에 대한 것으로 제안되었으나, 메시지 특성에 따른 지각 편향이 수용자 모두에게 획일적으로 발생한다고 보기는 어렵다. 다수 연구가 메시지 특성뿐 아니라 수용자의 특성이나 다양한 상황적 요인이 지각 편향에 영향을 미친다고 보고한다. 지각 편향에서 수용자 특성은 중요한 요인이라 할 수 있다. 지각 편향의 주체가 수용자이기 때문이다.

지각 편향에는 다양한 수용자 특성이 영향을 미친다. 앞서 6장에서 살펴본 바와 같이 사회적 거리감, 이슈 관여도, 연령, 성별, 이슈에 대한 지식과 경험, 미디어 이용량, 수용자의 직업 등 다양한 요인이 메시지 지각 편향에 영향을 미친다. 이런 요인은 가상 인플루언서 콘텐츠 지각 편향에도 영향을 미칠 수 있다. 이번 장에서는 이러한 영향 요인 외에 사고 경향과 이타주의 등 상대적으로 최근에 언급된 수용자 특성을 중심으로 가상 인플루언서 콘텐츠 지각 편향에 대해 기술한다.

사고 경향과 가상 인플루언서 콘텐츠 지각 편향

앞서 6장에서 본 바와 같이 서양 문화권 사람들이 동양

문화권 사람들보다 자타 간 마음의 차이에 대해 더 크게 인식하는 경향을 나타낸다. 대체로 서양인은 대상을 자신과 구분된 독립적 개체로 인식하며, 동양인은 대상을 관계 지향적으로 이해하기 때문이다. 이러한 인식의 차이는 유구한 동서양 간 철학과 문화의 차이 때문에 발생한다(Nisbett, 2003). 그리고 이러한 사고방식의 차이는 지각 편향에도 영향을 미친다.

루트비히 비트겐슈타인(Ludwig Wittgenstein)은 가족 유사성(family resemblance)으로써 사람들의 철학적 혼란을 규명하고자 했다. 가족 유사성은 사람들이 어떠한 원소들을 공통된 성격으로 묶어 범주화할 때, 제시된 원소들 가운데 특정 원소들이 서로 더 관련이 있다고 생각하는 것을 말한다(Edelman, 1992). 그런데 종종 사람들은 자신들의 범주화 원소들이 객관적으로 정의할 수 있는 공통성이 없어도 서로 관련이 있다고 생각한다. 제럴드 에덜먼(Gerald Edelman)은 이에 대해 자연과 인간의 범주화 간 명백히 드러난 대응 방식은 없으므로, 과학의 객관주의는 실패한다고 단언했다(Edelman, 1992).

때로는 비트겐슈타인이 제시한 이런 범주화의 철학적 혼란이 집단별로 차이를 드러내기도 한다. 판다, 원숭이, 바나나의 범주화 실험에서 중국 학생들과 미국 학생들의 범주화는 차이를 드러냈다. 대체로 미국 학생들은 고전적 객관주의 성향을 드러내어 판다와 원숭이를 범주화한 반면, 중국 학생들은 원숭이가 바나나를 먹는다는 원소 간 관계를 고려해 원숭이와 바나나를 범주화했다(Ji et al., 2002). 유사한 소, 닭, 풀의 범주화 실험에서도 같은 결과가 나타났다(Nisbett, 2003). 이어진 객관주의와 관계 지향주의를 주제로 한 실험에서도 같은 결과를 보고한다. 서양인들은 중심 대상에 관심을 집중하는 반면, 동양인들은 중심 대상을 둘러싼 주변 대상에게도 유의한 관심을 나타냈다(Masuda & Nisbett, 2001; Miyamoto et al., 2006).

이상의 동서양인 간 범주화 차이의 원인은 사고 경향(thinking tendency)의 차이에 있다. 사고 경향은 말 그대로 사고하는 경향 또는 방식을 말한다. 리처드 니스벳(Richard Nisbett)은 이에 대해 서양인은 분석적 사고 경향(analytic thinking)을, 동양인은 종합적 사고 경향(holistic thinking)을 가졌기 때문이라고 해석했다(Nisbett, 2003). 여기서 분석적 사고 경향은 대상을 잘게 나누고 구분하는 분석적 · 원자론적으로 이해하려는 경향을 말한다. 따라서 대상을 자신과 구분된 독립적 개체로 인식한다. 이에 대조적으로 종합적 사고 경향은 대상을 관계 중심으로 이해하려는 경향을 말하며, 자신과도 관계 지향적으로 인식한다. 이러한 차이는 유구한 동서양 간 철학과 문화의 차이 때문이라 해석된다(Nisbett, 2003).

니스벳의 연구는 문화권 간 사고 경향의 차이를 설명하지만, 같은 문화권에서도 구성원 간 사고 경향의 차이는 나타난다. 예를 들어, 동일 문화권에서도 불교 신자는 종합적 사고 경향을, 기독교 신자는 분석적 사고 경향을 나타낸다(이동환 외, 2018). 같은 문화권 내에서도 특정 요인에 따라 동일 대상에 대한 지각의 차이를 예상할 수 있다.

나아가 종합적 사고 경향을 가질수록 노스탤지어 인식을 더 하며, 결과적으로 노스탤지어 광고에 우호적인 결과를 나타냈다(이동환 외, 2019). 그 이유는 광고 속 노스탤지어는 상품 속성을 직접 알리는 중심 대상의 역할을 한다기보다는 광고 내에서 분위기나 내러티브 등의 형태로 존재하는 주변 대상의 역할을 하기 때문이다. 앞선 니스벳의 연구에서 종합적 사고 경향을 가질수록 주변 대상을 더 잘 인식하는 것에 부합하는 결과로 볼 수 있다. 광고의 주변 대상인 정보원을 지각할 때, 사고 경향에 따라 지각 편향이 어떻게 발생할지 예상할 수 있는 부분이다.

그에 따라 검증해 본 결과, 사고 경향은 가상 인플루언서 콘텐츠 지각에 영향을 미치는 것으로 나타났다. 종합적 사고 경향자(holistic thinker) 집단이 분석적 사고 경향자(analytic thinker) 집단보다 가상 인플루언서를 활용한 공익 캠페인의 영향력을 더 크게 지각했다. 그리고 이런 지각은 가상 인플루언서 친숙도가 조절하는 것으로 나타났다. 그 과정에서 가상 인플루언서에 대한 친숙도 지각이 사고 경향과 상호 작용해 가상 인플루언서 콘텐츠 지각 편향에도 영향을 미치는 것으로 나타났다. 분석적 사고 경향자 집단은 친숙도가 낮을 경우 콘텐츠의 영향력에 대해 제3자 효과(third-person effect)를, 친숙도가 높을 경우 제1자 효과(first-person effect)를 나타냈으며 종합적 사고 경향 집단은 대조적인 결과를 보였다(이동환, 2024).

종합적 사고 경향자의 콘텐츠 영향력 지각이 더 큰 이유는 여러 관점에서 해석할 수 있다. 먼저 종합적 사고 경향자의 관계 지향적 성향은 공익 캠페인의 공익 목적을 본인과 더 관계 지을 것이라 볼 수 있다. 두 번째, 광고 속의 주변 정보인 가상 인플루언서 인식이 분석적 사고 경향자보다 더 우호적일 가능성이 있다. 분석적 사고 경향자에게 가상 인플루언서는 여전히 광고의 중심 대상이 아니라고 인식할 수 있다. 세 번째, 분석적 사고는 기본적으로 광고에 우호적이지 않을 수 있다. 분석적 사고는 광고의 반대 증거를 연상해 낮은 관여도를 보일 수 있다(정은경 외, 2012). 또한 광고는 분석적 관점에서 그다지 흥미의 대상이라 할 수 없으며, 오히려 회피의 대상이다(Clancey, 1994; Kaplan, 1985). 광고는 그 자체로 콘텐츠라는 중심 대상의 공간적 · 시간적 주변에 배치되는 주변 대상이다.

이타주의와 가상 인플루언서 콘텐츠 지각 편향

때로는 사고 경향이 그런 것처럼 문화적 · 성격적 · 심리적 요인이 대상 지각에 영향을 미친다. 타인의 행복에 대한 관심이나 행동을 뜻하는 이타주의도 가상 인플루언서 콘텐츠 지각 및 지각 편향에 영향을 미칠 수 있다.

이타주의(altruism)는 보상과 관계없이 타인을 도우려는 성향(고정원 외, 2010) 및 그로 인한 자발적인 행동(Batson, 1997)을 포괄한다. 타인의 행복에도 관심을 가지며 그러한 관심에 의해 동기화된 행동을 말한다(Blum, 1980).

이타주의는 사전적 의미상 반대말인 이기주의와 함께

윤리적 소비에 영향을 미치는 가치로 자주 비교되며 제시된다. 예를 들어, 이기주의는 성공이나 부의 축적, 편안한 삶을 주요하게 추구하는 개인의 성향이며, 이기주의자는 모든 사고와 관심이 자기 자신에게만 한정되어 다른 사람에게 관심이 없거나 거의 무관심하다고 설명한다. 반면, 이타주의는 자기 초월적 영역을 지향하고, 자신을 다른 사람과 상호 연관된 존재로 지각하고, 사회에 대하여 포괄적으로 인식하며 다른 인간 존재의 복지에 관심을 가지는 성향으로 설명한다(김윤정 · 권유진, 2016). 이런 설명에는 앞서 기술한 사고 경향과 유사한 속성이 부분적으로 드러난다. 종합적 사고 경향의 관계 지향적 성향은 이타주의의 대상을 상호 연관된 존재로 지각하는 것과 유사한 측면이 있다. 분석적 사고 경향자가 이기주의자라는 의미는 전혀 아니다. 이기주의의 동기로 타인과의 관계를 살피기도 하기 때문이다. 종종 자기를 희생하는 친사회적 행동은 소속 집단 내에서 자신의 지위나 명성을 높이기 위한 이기적 동기에 의해 보여주기 식으로 나타난다(Hardy & van Vugt, 2006). 주의 깊게 볼 점은 이타주의의 관계 지향적 속성이 종합적 사고 경향의 설명과 크게 다르지 않다는 부분이다.

이타적 가치는 보편주의, 선행 등과 관련되는 반면,

이기적 가치는 권력, 성취 등 개인적 관심과 관련되어 있다(de Groot & Steg, 2007). 타인의 복지를 지향하는 이타주의 가치는 환경에 대한 태도와 행동의 기초가 되기 때문에 윤리적 소비에서 중요한 가치가 된다. 대체로 이타적 성향의 소비자가 이기적 성향의 소비자보다 친환경적인 신념이나 행동과 더 관련 있다(Schmuck & Vlek, 2003).

수용자의 이타주의는 장기 기증 의도에 영향을 미치며(Morgan & Miller, 2001), 기부 태도 및 행위에도 영향을 미친다(Cameron et al., 1998). 또한 기업의 공익 캠페인이나 공익 연계 마케팅 등 CSR(corporate social responsibility) 활동 인식에도 영향을 미친다(안대천 외, 2019). 이렇게 이타주의는 친사회적 · 친환경적 콘텐츠에 대한 수용자 반응을 이해하는 연구 변인으로 활용되고 있다.

친환경적 콘텐츠에 가상 인플루언서를 활용할 경우도 유사한 결과가 나타난다. 가상 인플루언서가 등장한 공익 캠페인에서, 이타주의 성향이 높은 수용자 집단이 공익 캠페인의 영향력을 더 크게 지각했으며, 캠페인 참여 의도 또한 더 높게 나타났다(이동환, 2024). 이런 결과는 종합적 사고 경향 집단이 가상 인플루언서 콘텐츠의 영향력을 더 크게 지각한 것과 관계 지향적 측면에서 유사하게 이해할 수 있다. 이타주의의 자기 초월적 영역을 지향하고, 포괄적으로 사회를 인식하는 경향은 종합적 사고 경향이 설명하는 관계 지향적 성향과 유사하다.

해당 연구에서 지각 편향의 경우, 이타주의 성향이 높은 집단에서 콘텐츠 영향력에 대해 제1자 효과가 더 크게 나타났다. 그리고 캠페인 참여 의도 또한 본인의 참여 의도가 더 높을 것이라 지각하는 제1자 효과가 더 크게 나타났다.

해당 연구의 공익 캠페인은 지각 편향이 설명하는 이른바 긍정적이며 바람직한 메시지에 해당한다. 선행 연구에서는 보통 긍정적 메시지에 대해서는 제1자 효과를 나타낸다고 보고한다(Gunther & Thorson, 1992). 동시에 이타주의는 타인의 행복에도 관심을 가지는 것으로 설명한다. 이는 타인의 행복에 대한 관여도가 높다는 의미이며, 광고가 타인의 행복과 관련된 메시지를 취급할 때 높은 관여도를 보일 것을 예상할 수 있다. 앞서 기술했듯이 관여도가 높을 때는 메시지에 대해 제1자 효과를 나타낸다(Maheswaran & Meyer-Levy, 1990). 따라서 이타주의가 높은 집단에서 가상 인플루언서를 활용한 콘텐츠의 영향력 지각 및 참여 의도에 대해 제1자 효과를 나타낸 것으로 이해할 수 있다.

참고문헌

고정원 외(2010). 소비자의 로하스 소비의식과 로하스 상품소비. 《소비자학연구》, 89-112쪽.

김윤정 · 권유진(2016). 윤리적 소비, 이타주의인가 이기주의인가?, 《복식》, 17-33쪽.

안대천 외(2019). 소비자 참여형 CSR캠페인의 진정성 효과에 관한 연구: 소비자의 이타주의 성향과 캠페인 유형의 조절효과를 중심으로. 《소비자정책교육연구》, 125-149쪽.

이동환 외(2018). 종교와 사고 경향(분석적-종합적 사고: Analytic-Holistic Thinking)이 노스탤지어 광고에 미치는 영향. 《미디어 경제와 문화》, 179-222쪽.

이동환 외(2019). 사고 경향, 설득지식, 오만증후군이 노스탤지어 인식과 영화태도에 미치는 영향. 《광고학연구》, 159-199쪽.

이동환(2024). 메시지 특성, 모델 특성, 수용자 특성이 공익 캠페인과 가상 인플루언서 지각 편향에 미치는 영향: 제1자 효과, 제3자 효과를 중심으로. 《미디어 경제와 문화》. 51-93쪽.

정은경 외(2012). 광고유형 및 성별에 따른 광고효과와 정서반응 패턴: 스토리텔링, 이미지, 정보전달 광고를 중심으로. 《감성과학》, 489-502쪽.

Batson, C.(1997). Self-other merging and the empathy-altruism hypothesis: Reply to Neuberg et al.(1997). *Journal of Personality and Social Psychology, 73*(3), pp.517-522.

Blum, L.(1980). *Friendship, altruism, and morality*. London: Routledge & Kegan Paul.

Cameron, L. D., et al.(1998). Social value orientations and decisions to take proenvironmental action. *Journal of*

Applied Social Psychology, 28(8), pp.675-697.

Clancey, M.(1994). The Television Audience Examined. *Journal of Advertising Research*, 34, pp.SS2-SS11.

de Groot, J. I. & Steg, L.(2007). Value orientations and environmental beliefs in five countries validity of an instrument to measure egoistic, altruistic and biospheric value orientations. *Journal of Cross-Cultural Psychology, 38*(3), pp.318-332.

Edelman, G. M.(1992). *Bright air, brilliant fire: On the matter of mind.* New York: Basic Books. 황희숙 옮김(1998). 《신경과학과 마음의 세계》. 범양사.

Gunther, A. C. & Thorson, E.(1992). Perceived persuasive effects of product commercials and public service announcements: Third person effects in new domains. *Communication Research, 19*(5), pp.574-595.

Hardy, C. L. & van Vugt, M.(2006). Nice guys finish first: The competitive altruism hypothesis. *Personality and Social Psychology Bulletin, 32*(10), pp.1402 - 1413.

Ji, L., Zhang, S., & Nisbett, R. E.(2002). *Culture, language and categorization.* Kingston, Ontario: Queens's University.

Kaplan, B. M.(1985). Zapping-The Real Issue in Communication. *Journal of Advertising Research*, 25, pp.9-12.

Maheswaran, D. & Meyer-Levy, J.(1990). The influence of message framing and issue involvement. *Journal of Marketing Research, 27*(3), pp.361-367.

Masuda, T. & Nisbett, R. E.(2001). Attending holistically versus analytically: Comparing the context sensitivity of Japanese and Americans. *Journal of Personality and Social Psychology,*

81(5), pp.922-934.

Miyamoto, Y., et al.(2006). Culture and the physical environment: Holistic versus analytic perceptual affordances. *Psychological Science, 17*(2), pp.113-119.

Morgan, S. & Miller, M.(2001). Beyond the organ donor card: The effect of knowledge, attitudes, and values on willingness to communicate about organ donation to family members. *Health Communication, 14*(1), pp.121-134.

Nisbett, R. E.(2003). *The geography of thought: How Asians and Westerners think differently…and why*. New York: Free Press. 최인철 옮김(2004). 《생각의 지도》. 김영사.

Schmuck, P. & Vlek, C.(2003). Psychologists can do much to support sustainable development. *European Psychologist, 8*(2), pp.66-76.

10
가상 인플루언서 지각의 의의

AI 기술의 발전은 단순히 기술의 진보에 그치는 고립된 사건이 아니라 문화적 · 경제적 맥락 속에서 일어나는 보편적 변화의 일부이자 이를 주도하는 핵심 동력이다. 가상 인플루언서 구현 기술 역시 그러한 보편적 변화의 흐름 속에서 등장한 기술 현상이라 할 수 있다. 그 기술 현상에 대한 사람들의 지각을 이해하려는 노력은, 전반적인 AI 기술 인식에 대한 단서를 제공하여 의미 있는 가치 창출의 출발점이 될 수 있다.

종교와 AI?

가상 인플루언서 지각의 의의

"자, 광고쟁이의 순박한 질문이 하나 있습니다. 제 생각에 공학자나 의학도, 그리고 과학자들은 문제를 실제 세계에서 해결하려고 너무 집착하는 경향이 있어요. 사실, 일단 가장 기본적인 욕구가 해결된 사회에서는 대부분의 문제가 인지적인 문제인데도 말이죠."

글로벌 광고 대행사 오길비앤매더(Ogilvy & Mather)의 크리에이티브 디렉터(CD)인 로리 서덜랜드(Rory Sutherland)의 문제 제기다. 광고의 본질에 대한 비유라고 할 수 있겠지만, 그는 현대 사회의 문제는 결국, 인지적인 문제라고 강조한다. 이러한 예를 든다. "여기 런던에서 파리까지 가는 기차가 있습니다. 15년 전 공학자들을 모아 놓고 그 기차 여행의 질을 어떻게 하면 더 높일 수 있을지 물었습니다. 그 사람들은 매우 훌륭한 공학적 해답을 내놓았습니다. 60억 파운드를 들여 런던에서 도버 해협까지 구간의 선로를 완전히 새로 지어서 원래 세 시간 반 걸리던 여행 시간에서 40분을 단축한 해답이란 말이죠." 그리고 그는 그 공학자들 대신 전혀 다른 방향의 답을 내놓는다. 선로 공사 대신 전 세계의 유명 남녀 모델을 고용해서 기차 안을 다니며 승객들에게 무료로 비싼 샴페인을 여행 내내 따라 주면, 30억 파운드 정도의 예산이 남는 것은 물론이고 승객들이 오히려 기차가 좀 더 천천히 갈 수는 없냐고 묻지 않겠냐는 것이다(Sutherland, 2009). 여행을 통해 얻고자 하는 가치가 기술인지, 즐거움인지 생각해 보자는 것이다.

결국, 어떠한 기술도 공학적 해답보다는 그 기술을 통해 얻게 되는 가치에 대한 인식이 중요하다는 것이다. AI 기술은 어떠한가? 사람들은 AI 기술에 기대하는 한편 불안해하기도 한다. 일자리가 없어질 수도 있다고 생각하며, 쏟아져 나오는 AI 관련 뉴스들은 도태에 대한 불안을 느끼게 한다. 따라서 기술을 취급하는 사람들은 공학적 해답뿐 아니라 기술을 통해 사람들에게 제공할 가치를 고려해야 한다. 여행을 통해 사람들이 얻고자 하는 가치가 이동에 동원된 기술 자체가 아니라 즐거움이라는 것을 고려해야 하는 것과 같다. 기술을 통해 사람들에게 제공할 가치를 고려하려면 사람들이 그 기술을 어떻게 인식하는지 알 필요가 있다. 결국, AI 기술을 발전시키는 것은 중요하지만, 사람들의 인식을 아는 것도 그에 못지않게 중요하다고 할 수 있다.

AI 기술은 더 이상 고립적으로 발전하는 기술이 아니다. 사회적 · 산업적으로 인접 분야와 함께 광범위하게 발전하며 이루어지는 통합적인 기술이다. AI 기술의 발전은 고립된 사건이라기보다는 문화적 · 경제적 발전의 보편적 변화를 주도하고 있다. 가상 인플루언서 구현 기술은 그러한 보편적 변화의 작은 일부라 할 수 있다. 그 일부에 대한 사람들의 지각을 이해하려는 노력은, 전반적인 AI 기술 인식에 대한 단서를 제공하여 의미 있는 가치 창출의 출발점이 될 수 있다.

참고문헌

Sutherland, R.(2009). Life lessons from an ad man. *TED*, https://www.ted.com/talks/rory_sutherland_life_lessons_from_an_ad_man?share=1f2e21d68e&subtitle=en

이동환

청주대학교 광고홍보학과 조교수다. 단국대학교에서 커뮤니케이션학 박사학위를 받았다. 광고 대행사 미르포스의 대표이사직을 지냈으며 크리에이티브 디렉터(CD)와 기획자(AE)로서 다수의 광고를 제작 및 집행했다. 경희대학교, 고려대학교, 국민대학교, 단국대학교, 인천가톨릭대학교 등에서 강의했다. "가상 인플루언서의 정보원 특성이 광고 지각 편향에 미치는 영향"(2024) 등 27편의 논문을 등재 학술지에 게재했다.